BOI
245
LWAY REACHED CHERRY CR
HONOR OF ADOLPHE BOISSEVAIN RA

CN

Place Louis Riel
SHERATON
Wawanesa
Wawanesa

MENNONITE VILLAGE MUSEUM
REEVES

Hans-Gerhard Pfaff

KANADA-Manitoba

Eisbären, Elche und unberührte Wildnis

Mit Reise-und Wandertips

Badenia Verlag

Seite 1:
Das mächtige Wappentier der Provinz Manitoba, den Prärie Bison, kann man am besten im Riding Mountain National Park fotografieren.
LEICA R6, Apo-Telyt 2,8/180 mm.

Seiten 2/3:
Die spektakulären Pisew Falls, Manitobas höchste Wasserfälle, liegen nur 40 Kilometer von Thompson entfernt, der größten Stadt im Norden der Provinz.
WIDELUX Panoramakamera,
Dia-Format 6 x 12 cm.

Seiten 4/5:
Unmittelbar vor den Toren der Provinzhauptstadt Winnipeg befindet sich Lower Fort Garry, der älteste und noch intakte, aus Stein gebaute Handelsposten Nordamerikas.
FUJI Panoramakamera G 617,
Dia-Format 6 x 17 cm.

Seiten 6/7:
The Forks, das Marktviertel von Winnipeg, war lange vor der Ankunft der weißen Siedler schon ein beliebter Treffpunkt der Indianer.
FUJI Panoramakamera G 617,
Dia-Format 6 x 17 cm.

Seiten 8/9:
Während der Pioneer Days von Steinbach wird im Museumsdorf der Mennoniten noch einmal die Dreschmaschine in Gang gesetzt.
WIDELUX Panoramakamera,
Dia-Format 6 x 12 cm.

Seite 10:
Nur bei dem kleinen Ort Churchill, Manitobas nördlichster Siedlung, die auch Hauptstadt der Eisbären genannt wird, kommt der König der Arktis so nahe an die Kamera heran.
LEICA R6, Apo-Telyt 2,8/180 mm.

Die Deutsche Bibliothek – CIP-Einheitsaufnahme

Kanada / Hans-Gerhard Pfaff.
[Alle Fotos von Elvira und Hans-Gerhard Pfaff]. – Karlsruhe : Badenia Verl.
(Abenteuer heute)
Teilw. mit Paralleltitel: Canada
NE: Pfaff, Hans-Gerhard; Pfaff, Elvira; Canada
Manitoba : Eisbären, Elche und unberührte Wildnis ; mit Reise- und Wandertips. – 1996
ISBN 3-7617-0334-1

Vor- und Nachsatz:
Hauswandmalerei in Boissevain von Stephen Jackson, s. hierzu Seiten 54/55.

Herstellung:
Badenia Verlag und Druckerei GmbH, Karlsruhe

Außer der Seite 98, fotografiert von Cam Elliott, Manitoba Natural Resources, stammen alle Fotos in diesem Bild-Text-Band von Elvira und Hans-Gerhard Pfaff.
Die Kleinbildfotos wurden mit einer LEICA R6 aufgenommen; alle doppelseitigen Panorama-Fotos entstanden mit einer WIDELUX Panoramakamera im Dia-Format 6 x 12 cm und einer FUJI Panoramakamera G 617 im Dia-Format 6 x 17 cm.
Als Fotomaterial kam ausschließlich der Fujichrome VELVIA RVP 135 und der VELVIA RVP 120 zum Einsatz.

Gestaltung/Design:
Werner Münkel, Karlsruhe

Printed and bound in Germany
ISBN 3-7617-0334-1

<u>Mein besonderer Dank gilt:</u>

meinem Freund ***Dennis Maksymetz,*** *Senior Marketing Consultant, Travel Manitoba, Winnipeg*
Charles Hatzipanayis*, Trade Commissioner, Winnipeg*
Pat Vande Vyvere*, Travel Manitoba*
Karen Kingsland*, Winnipeg*
Colette Fontaine u. Madeleine Arbez *Travel Manitoba, Winnipeg*
Doug und Helen Webber, *North Knife Lake Lodge, Churchill*
Mike und Jeanne Reimer*, Seal River Heritage Lodge, Churchill*
Don und Lynn McCrea, *Trapper Don's Lodge, Cowan*
Steve Miller, *the Heli-Pilot, Churchill*
Campbell Elliott, *Wildlife Manager*
Ted Muir, *Manitoba Natural Resources*
Bill Kunz*, Wildlife Manager, Winnipeg*
Mike Macri*, Sea North Tours Ltd.*
Merv und Lyndia Gunter*, Frontiers North, Churchill*
Dwight Allen*, Polar Inn/ White Wale Lodge, Churchill*
Len und Beverly Smith*, Tundra Buggys Tours Ltd, Churchill*
Dean Sandulak*, High Mountain Outfitters, Kelwood*
Jim und Candy Irwin*, Riding Mountain Guest Ranch, Lake Audy*
Peter Verstoep*, Dutch Connection Inn*
Sandra Malcomson*, Tourism Winnipeg*
Sean Campbell*, Campbell Tours, Winnipeg*
Angelika Hammer-Schlösser*, Direktorin, Air Canada, Frankfurt*
Karl-Heinz Limberg, *Tourismus Manager, Kanadisches Generalkonsulat, Düsseldorf*
Georg Rübensal*, Verkaufsdirektor, Canadian Airlines International, Frankfurt*
Franz Undorf, *FUJI Europe, Düsseldorf*
Dr. h. c. Horst A. Schmid*, Edmonton, Alberta und meinem Lektor*
Georg Klaus*, Kassel.*

Inhaltsverzeichnis

Kanada – Manitoba

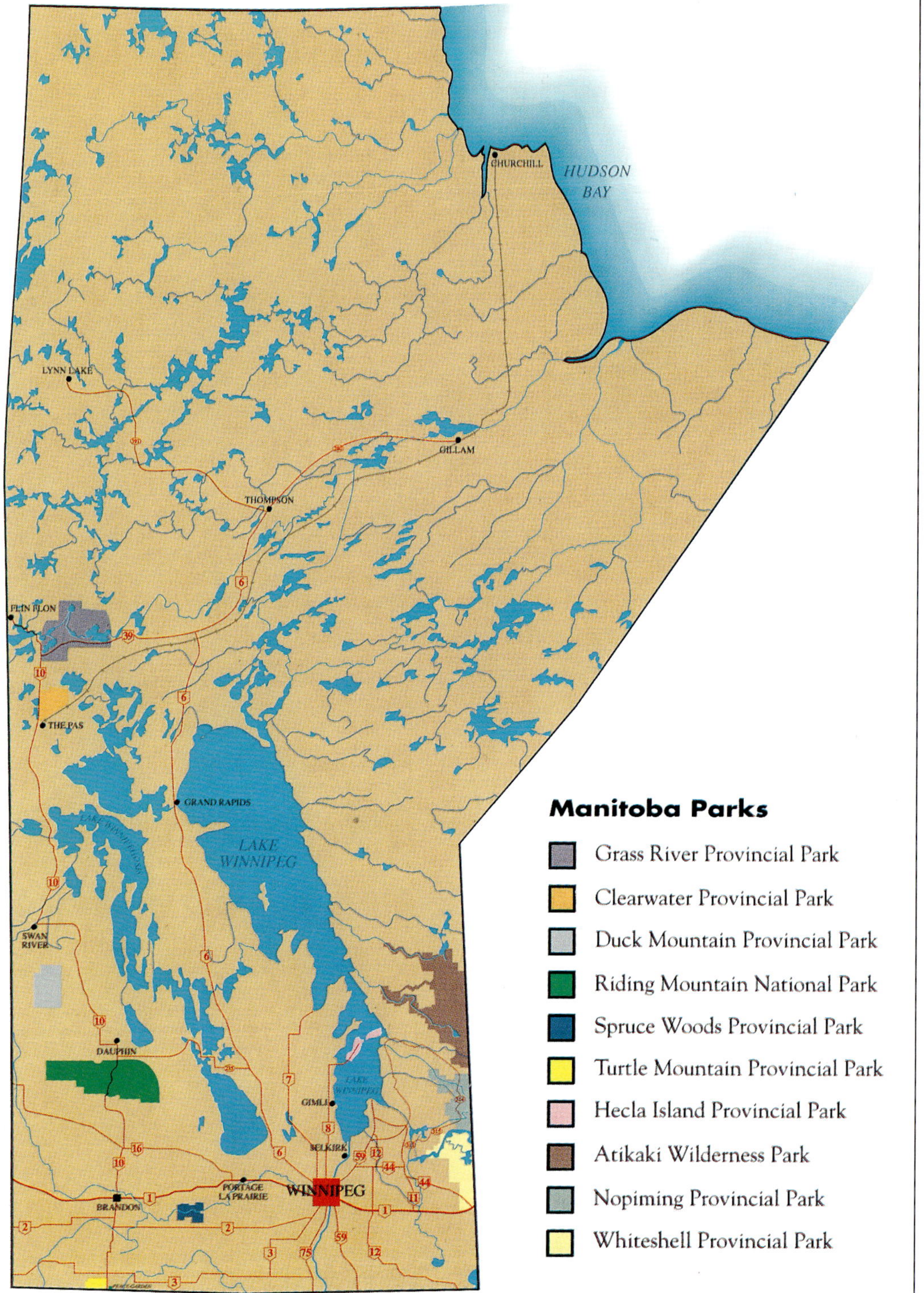

Friendly Manitoba

Tausende von Quadratkilometern unberührter Wildnis, kristallklare, einsame Seen, unendliche Weizenfelder, eine Welt der Bären, Biber und Elche, dazu eine multikulturelle Provinzhauptstadt mit rund 650 000 Einwohnern: Das alles ist Manitoba, Kanadas sechstgrößte Provinz. Sie verteilt sich auf eine Fläche von 649 947 Quadratkilometern, fast anderthalbmal so groß wie Deutschland. Eine Provinz, die vergleichsweise sehr flach ist und mit dem 831 m hohen Baldy Mountain im *Duck Mountain Provincial Park* die höchste Erhebung aufweist.

Drei große Landschaftsformen prägen die östlichste der kanadischen Prärieprovinzen. Das fruchtbare und landwirtschaftlich genutzte Dreieck liegt im Süden, wo auch die meisten Menschen wohnen. In der Mitte erstreckt sich der kanadische Schild, glattgeschliffenes eiszeitliches dunkles Granitgestein. Fast 60 % der Provinz bestehen aus diesem zerklüfteten, felsigen Terrain, das mit einer dünnen Schicht eiszeitlicher Ablagerungen und borealen Fichtenwäldern bedeckt ist. Im Norden schließt sich dann die arktische Tundra an, die Heimat des Eisbären, des Königs der Arktis.

In der Sprache der Cree-Indianer bedeutet Manitoba: der Platz, an dem der große Geist (Manitou) lebt. Als ich das erste Mal nach Manitoba kam, um für diesen Bild-Text-Band, er ist u. a. mein fünftes Buch über Kanada, zu recherchieren, wollte ich nicht nur den „großen Geist" suchen, ich wollte vor allem die Menschen kennenlernen, die diese Provinz durch ihre Besiedelung geprägt haben. Und bei allen Kanada-Besuchen war ich immer wieder mit einer wohltuenden Wärme und Herzlichkeit aufgenommen worden. Das sollte eigentlich in Manitoba nicht anders sein. Aber mich störte ein wenig der Slogan der Provinz: „Friendly Manitoba." Wenn sich Menschen wirklich für freundlich halten, haben sie es dann nötig, diese Überzeugung wie auf einem Schild überall vor sich herzutragen? Sie sogar auf jedes Autokennzeichen zu prägen? Doch dann lernte ich Karen Kingsland, Pat Vande Vyvere, Dennis Maksymetz, Harv Klassen, die Reimers, Jim Irwin, Charles Hatzipanayis, Doug Webber und viele andere Menschen aus Manitoba kennen und weiß seitdem, daß der Slogan keineswegs als Mahnung gemeint ist, den anderen Kanadiern nicht nachzustehen.

In Manitoba kann sich der Besucher darauf freuen, ganz besonders freundlich, offen und hilfsbereit empfangen zu werden. Es erwartet ihn auch eine einzigartige Tierwelt und eine kontrastreiche Landschaft, die in Europa weitgehend unbekannt ist. Die meisten Besucher, selbst die Kanadier, benutzen die Provinz Manitoba als Durchgangsregion. Doch wer nur auf dem *Trans-Canada Highway* von Ost nach West oder umgekehrt unterwegs ist, versäumt die Naturschönheiten von Manitoba und lernt eben auch nicht die sprichwörtliche Freundlichkeit der „Manitobians" kennen.

Mit diesem Bild-Text-Band möchte ich meine Referenz einer Landschaft Kanadas erweisen, die mich bei meinen Besuchen immer wieder aufs neue überrascht hat.

Seiten 16/17:
„Fotografieren verboten", heißt es in der Royal Mint, der kanadischen Münzprägeanstalt von Winnipeg, wo alle Geldstücke des Landes geprägt werden. Jährlich werden hier über 184 Millionen „loonies", die kanadische Ein-Dollar-Münze, hergestellt.

Hauptstadt Winnipeg

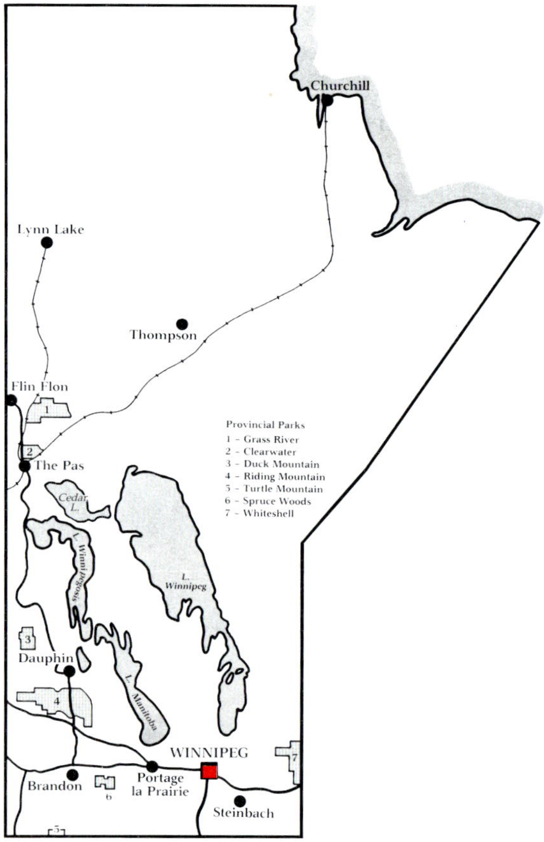

Das wirtschaftliche und kulturelle Zentrum der kanadischen Prärie ist ohne Zweifel Winnipeg, die Hauptstadt der Provinz Manitoba. Doch bevor ich die 650 000 Einwohner zählende Provinzhauptstadt von ihrer touristischen Seite vorstellen werde, möchte ich auf die bewegte Geschichte Winnipegs und, untrennbar verbunden, der gesamten Provinz Manitoba etwas näher eingehen.

Schon vor vielen tausend Jahren war das Gebiet um die heutige Hauptstadt ein Treffpunkt prähistorischer Jäger und Sammler. Geschaffen wurde die Landschaft vor rund 570 Millionen Jahren im Kambrium, dem frühesten Abschnitt des Erdaltertums, als die Perioden starker vulkanischer Aktivitäten zurückgingen und die steil aufragenden Gebirge oft bis auf Meereshöhe erodierten. Im weiteren Verlauf der Erdentwicklung wurde dieses Grundgestein in abermillionen Jahren mit wechselnden Schichten von Staub, Sand, Schlick oder Gesteinsschutt bedeckt. Diese Schichten verdichteten sich zu sogenanntem Sedimentgestein, wuchsen auf eine Stärke von einigen Kilometern an und formten unter anderem vor über 200 Millionen Jahren das südwestliche Manitoba.

Das zweite geologische Schlüsselereignis Manitobas war erdgeschichtlich fast gestern, als vor 60 000 Jahren die Landschaft unter einer riesigen Eisdecke begraben wurde. Mit der globalen Erwärmung vor rund 16 000 Jahren zog sich das Eis zurück und hinterließ auf dem größten Teil von Manitoba einen Schmelzwassersee, genannt Lake Agassiz. Er war mit 350 000 Quadratkilometern der größte eiszeitliche See des Kontinents. Die Überreste dieses Sees, der vor 5000 Jahren in die Hudson Bay, den riesigen Einschnitt des Atlantischen Ozeans im Norden Manitobas, abfloß, zeigen sich heute in über 100 000 kleinen und großen Seen und in Sumpflandschaften. Es sind vor allem drei große Seen, die heute noch den Charakter des Landes wesentlich mitbestimmen: im Westen der Lake Winnipegosis und der Lake Manitoba und im Osten der parallel dazu verlaufende größere Lake Winnipeg.

Vor rund 10 000 Jahren waren an ihren Ufern schon prähistorische Menschen unterwegs. Es waren Vorfahren der Indianer, die im Süden Manitobas Büffel und Mammuts jagten. Sie trafen sich offenbar gern an einem großen Versammlungsplatz, dort wo die Flüsse Red River und Assiniboine River zusammentreffen. Dort steht heute die Hauptstadt Winnipeg.

Gegen Ende des 16. Jahrhunderts wurde das traditionelle Leben der Indianer, die sich *Cree* nannten, gestört. Zwar erforschte einer dieser ersten weißen Störenfriede, der Engländer Henry Kelsey, erst im Jahre 1690 das Innere des nördlichen Manitoba. Aber schon früher, so um 1610, machten sich die ersten Seefahrer auf, um die sagenumwobene Nordwestpassage zu entdecken. Mit zwei Schiffen überwinterte der englische Kapitän Thomas Button an der Westseite der Hudson Bay, benannt nach Henry Hudson, der zur gleichen Zeit diese eisige Meeresbucht erforschte. Nach den Aufzeichnungen von damals war Button auch der erste Namensgeber der Provinz Manitoba, er nannte sie New Wales. Aber dieser Name geriet bald wieder in Vergessenheit. Erhalten hat sich dagegen der Name des von Thomas Button so be-

nannten Nelson River. Der Fluß trägt den Namen von Buttons Navigator Francis Nelson, der an Skorbut starb.
Wenige Jahre später trafen in Europa die ersten Meldungen über den angeblich unermeßlichen Pelzreichtum der Region ein. Deshalb übertrug 1670 der englische König Karl II. einer Pelzhandelsgesellschaft die Nutzungsrechte für sämtliche Ländereien, deren Flüsse in die Hudson Bay mündeten; das war die Geburtsstunde der noch heute berühmten *Hudson's Bay Company*. In ihren ersten Handelsposten *York Factory* und *Fort Prince of Wales* im äußersten Norden der Provinz trieben die Pelzhändler schon bald einen regen Handel mit den dort ansässigen Indianern von den Stämmen der *Chipewyan-* und *Cree-*Indianer. Als 1738 der französische Pelzhändler Pierre Gaultier de La Verendrye in den Süden Manitobas kam, errichtete er an der Flußgabelung des Red- und des Assiniboine River den Handelsposten *Fort Rouge*, man nannte diese Stelle auch *The Forks*. Noch heute wird diese Stelle im Herzen Winnipegs so genannt und gerade in den letzten Jahren hat sie als Mittelpunkt des Handels wieder an Bedeutung gewonnen.
Bald nachdem sich auch die Franzosen in dem Handel engagierten, entbrannte ein harter Konkurrenzkampf zwischen den Pelzhandelsgesellschaften, die alle den Ehrgeiz hatten, die feinen Herren der europäischen Gesellschaft mit Biberpelzhüten auszustatten. Fast ein Jahrhundert dauerte der Kampf der Gesellschaften. Vor allem die 1787 gegründete *North West Company*, die Nachfolgerin des französischen Flügels, konnte sich weit nach Westen ausdehnen, bis sie letztendlich 1821 mit der *Hudson's Bay Company* fusionierte. *The Forks* und das 1810 an gleicher Stelle erbaute *Fort Gibraltar* wurden zu wichtigen Handelszentren, an denen man die Pelze der Trapper aufkaufte.
Die *Métis* genannten Nachkommen der französischen Transporteure, der Voyageure, die mit großen Kanus auf den Flüssen Kanadas manchmal monatelang mit ihren indianischen Frauen unterwegs waren, entdeckten einen neuen Broterwerb. Sie jagten Bisons, die damals noch zu Tausenden die Prärie bevölkerten, und verkauften das Fleisch an die wachsende Zahl der Pelzhändler.
Einen wichtigen Beitrag zur Erschließung der Provinz leistete ab 1812 ein schottischer Edelmann, Lord Selkirk. Die *Hudson's Bay Company* überließ ihm und 36 Landsleuten das *Red-* und *Assiniboine River Valley* mit der Maßgabe, das Gebiet zu besiedeln und fruchtbar zu machen. Diese Farmer ertrugen in der Nähe des heutigen Winnipeg nicht nur eiskalte Winter, Seuchen und Überschwemmungen, sie wurden auch immer wieder in den Streit der beiden rivalisierenden Handelsgesellschaften hineingezogen. Um 1850 wurde der *Hudson's Bay Company* bewußt, daß ihr die Verwaltung des beherrschten Gebiets, es umfaßte etwa die Hälfte Kanadas, über den Kopf wuchs. Hinzu kam, daß der Pelzhandel nicht mehr so einträglich war, obwohl immer mehr Siedler in den fruchtbaren südlichen Gürtel von Manitoba kamen. In diese Zeit der Veränderungen fiel auch 1867 der Zusammenschluß der östlichen Provinzen (Nova Scotia, New Brunswick, Quebec und Ontario) von *British North America*. Es entstand der Staat Kanada, offiziell bezeichnet als

Seite 20:
Die Kathedrale „St. Boniface" ist in Winnipeg das Zentrum der frankokanadischen Kultur. Auf dem angrenzenden Friedhof befindet sich das Grab von Louis Riel, dem kanadischen Rebell.

Seite 21:
Das Parlamentsgebäude der Provinz wurde 1919 aus dem Kalkstein, der in der Umgebung von Winnipeg gebrochen wird, gebaut. Auf der Kuppel thront der „Golden Boy", eine vier Meter hohe vergoldete Figur.

À LA VIERGE DE
L'ASSOMPTION
EN RECONNAISSANCE
DE LA PROTECTION ACCORDÉE DURANT
L'INOUBLIABLE INONDATION DE 1950
LES PAROISSIENS DE LA BASILIQUE
DE SAINT BONIFACE
DÉDIENT CETTE STATUE
L'ANNÉE DE LA
PROCLAMATION DE
L'ASSOMPTION DE MARIE

Dominion of Canada. Diese Staatenunion war auch aus der Not geboren, denn man wollte das Land vor dem Zugriff der US-Amerikaner sichern. Aus demselben Grund wurde auch 1858 der westliche Teil hinter den Rocky Mountains, *British Columbia*, kurzerhand zur Kronkolonie erklärt. Hier setzte ja gerade der Goldrausch ein und viele Menschen strebten in den Norden des noch politisch ungefestigten Landes. Ausschlaggebend war vor allem die Aufkündigung eines Vertrages, der den Kolonien freien Zugang zu den lukrativen US-Märkten gesichert hatte.

Kurz danach verkaufte die *Hudson's Bay Company* für 300 000 Pfund Sterling ihr riesiges Territorium, das als *Rupert's Land* fast den gesamten Westen umfaßte, an den neugeschaffenen Bundesstaat Kanada. Die Landrechte der rund 10 000 französischsprachigen Métis blieben dabei weitgehend unberücksichtigt. Als dann auch noch das Land am Red River vermessen und aufgeteilt wurde, fürchteten sie mit Recht um ihr Land, und eine Konfrontation mit der Regierung schien unausweichlich. Im Dezember 1869 wählten sie den gewitzten Louis Riel zu ihrem Anführer. Verhandlungen mit der Regierung führten im folgenden Jahr dazu, daß das Red-River-Gebiet zur neuen Provinz Manitoba erklärt wurde. Die Métis erhielten auch das Recht auf unabhängige französische Schulbildung. Die Nachwehen des damaligen Sprachenstreits dauern allerdings bekanntlich bis heute an. Manitoba war gerade mal 10 000 Quadratkilometer groß, es bekam den noch heute gebräuchlichen Spottnamen „Briefmarkenprovinz". Nachdem aber eine Besiedlungswelle der anderen folgte, besonders um die Jahrhundertwende, kamen viele Osteuropäer, wurden die Provinzgrenzen bis 1912 auf die heutige Größe erweitert.

Den Grundstein für Winnipeg legte 1862 der Händler Henry McKenney mit einem General Store. Der Standort des Ladens war optimal, direkt an der Route vom Assiniboine River zu dem ehemaligen Handelsposten Fort Garry. Der Platz ist heute die Straßenkreuzung von Portage Avenue und Main Street. (Diese Kreuzung ist wohl die wichtigste in Winnipeg, aber nach meiner Erfahrung im Winter zugleich die kälteste in ganz Kanada.)

Als 1878 die transkontinentale Canadian-Pacific-Eisenbahn die Ufer des Red River erreichte, stand der Gründung einer Provinzhauptstadt nichts mehr im Wege. Einen Namen hatte man auch schnell gefunden: der indianische Name winnippi, schlammiges Wasser, war sehr zutreffend. Bei der Gründung zählte man gerade 241 Einwohner, doch schon in den darauffolgenden Jahren wuchs Winnipeg zum wichtigsten Verkehrs- und Wirtschaftszentrum des mittleren Westens heran. 1913 zählte man im „Gateway to the West" über 150 000 Einwohner und 19 Millionäre, die ihren Reichtum dem Landverkauf an der neuen Eisenbahnstrecke verdankten.

Der größte Teil des städtischen Reichtums liegt im Exchange District, in der Mitte der Stadt. Hier wurden in den Boomjahren bis 1920 viele Entscheidungen für den wirtschaftlichen Fortschritt Westkanadas getroffen, als der Handel mit Weizen, Textilien und anderen Waren blühte. In den Jahren danach kam über Nordamerika die große wirtschaftliche Depression, die natürlich auch an Manito-

ba nicht spurlos vorüberging, sondern zum Beispiel zu großer Arbeitslosigkeit führte.
Es wäre noch viel über die folgenden Jahrzehnte zu berichten. Aber an dieser Stelle möchte ich meinen geschichtlichen Rückblick über Manitoba beenden und nahtlos zur Gegenwart übergehen, denn in diesem Buch will ich ja die aktuellen touristischen Informationen für den Kanada-Besucher in den Vordergrund stellen. Als ich das erste Mal nach Winnipeg kam und das kleine provinzielle Flughafengebäude verließ, wehte mir ein eiskalter Wind um die Nase. Zusammengeschobene Schneehaufen, die noch Mitte Mai am Straßenrand dahinschmolzen, gaben mir einen ersten Eindruck von den langen Wintern in der Prärie. Erwartet wurde ich von einer attraktiven jungen Dame, die sich als Mitarbeiterin des Canada Manitoba Tourism Agreement vorstellte, einer Organisation, die von der Regierung speziell zur Förderung des Tourismus ins Leben gerufen wurde. Die Herzlichkeit und Freundlichkeit von Karen Kingsland paßten auf Anhieb zum Motto der Provinz: Friendly Manitoba.
„Willst du gleich in dein Hotel, oder darf ich dir noch das Nachtleben von Winnipeg zeigen“? Nach meiner langen Tagesreise vom Yukon über Vancouver nach Winnipeg war ihre Frage gar nicht leicht zu beantworten. Aber meine journalistische Neugier setzte sich durch, ich entschied mich für das Nachtleben und machte eine Kamera fertig. Aber in Winnipeg ist es wie anderswo, Nachtleben und Fotografieren vertragen sich schlecht. „Es tut mir leid, wo ich mit dir hingehen will, herrscht striktes Fotografierverbot“, sagte sie, und ihr Bedauern klang ehrlich. „Ich möchte dir nämlich eine der größten legalen Spielhöllen in ganz Kanada zeigen, da kannst du dir vorstellen, daß sich die Spieler nicht gern fotografieren lassen. Sobald du deine Kamera auspacktest, hätten die Sicherheitskräfte sie schon konfisziert.“ Karen war erleichtert, daß mir der Verzicht auf Fotos in diesem Fall nicht schwerfiel.
Unsere „Spielhölle“ entpuppte sich als eine riesige Bingo-Halle. Sie liegt nicht weit vom Flughafen entfernt und ist nach meiner Ansicht ein Muß für jeden Manitoba- Besucher. Nicht nur der Bingospieler kommt hier in der McPhillips Street Station auf seine Kosten, das Spielcasino ist auch vollgestopft mit modernen elektronischen Video- und Geldspielautomaten. Und hier gibt es weltweit das einzige McDonald’s Restaurant, das Hot Dogs verkaufen darf. Denn Bingospielen und heiße Würstchen gehören in Kanada untrennbar zusammen. Apropos McDonald’s, die Einwohner von Winnipeg spielen für die ganze Welt Versuchskaninchen, wenn neue Frikadellen-Brötchen oder andere Fast-Food-Erzeugnisse der Kette auf den Markt gebracht werden sollen. Schon bei der Eröffnung der McPhillips Street Station am 25. Juni 1993 mußte man vorzeitig wegen Überfüllung schließen, über 6000 spielwütige Menschen nahmen diese neue Herausforderung, Geld zu verlieren, bereitwillig an. Der Betreiber, die staatliche Gesellschaft Manitoba Lotteries, hat mit dieser Einrichtung einen cleveren Schachzug getan. Denn vorher fuhren die Manitobians in ganzen Busladungen in die benachbarten USA nach Minnesota, wo man seiner Spielsucht grenzenlos frönen konnte. Jetzt bleibt das Geld im Lande.

Seite 24:
Mit seinen vielen Aktivitäten ist der ehemalige Pelzhandelsposten „Lower Fort Garry“ ein Spiegelbild aus der Ära der Hudson’s Bay Company. Viel Interessantes kann man hier während des „Red River-Rendezvous“ im August sehen und erleben, wenn viele Besucher sich kostümieren und die Zeit der ersten Pelzhändler nachstellen.

Die „Spielhölle“ in der McPhillis Street 484, Tel. 957-3900, ist täglich von Mittag bis zwei Uhr nachts geöffnet. Der Eintritt ist frei.
Mein selbstgesetztes Limit hatte ich schnell verspielt und mein Magen meldete sich zu Wort. Wahrscheinlich hatte mein Magen sehr laut geknurrt, denn Karen schlug vor, essen zu gehen. Sie hatte registriert, daß Hot Dogs von McDonald's nicht zu meinen Lieblingsspeisen gehören: „Du kannst zwischen 900 Restaurants, die 30 verschiedene Nationalitäten repräsentieren, wählen. Im Telefonbuch füllen unsere Gaststätten 52 Gelbe Seiten.“ Ich entschied mich für ein traditionelles Lokal, „The Keg“, in der Garry Street, es gehört zu einer Steakhouse-Kette mit gutem Ruf, die in ganz Kanada vertreten ist. Dort konnte mich Karen in Ruhe mit Informationen über Winnipeg versorgen.
Der Umfang dieses Buches würde leicht gesprengt, wenn ich hier alle ihre Informationen und Tips wiedergäbe. Deshalb möchte ich nur die wichtigsten Attraktionen vorstellen, die zugleich Winnipegs berechtigten Anspruch verdeutlichen sollen, ein lebendiges kulturelles Zentrum der Prärie zu sein. Hier sind alle vier darstellenden Künste vertreten: Theater, Oper, Konzert und Tanz. Hier ist nicht nur die älteste professionelle Tanztruppe Kanadas, das Royal Winnipeg Ballet, zu Hause, hier gibt es auch mit dem Cercle Molière die älteste aktive Schauspieltruppe Kanadas. Das Winnipeg Symphony Orchestra ist eines der aktivsten Orchester ganz Nordamerikas, und seit 30 Jahren kommen die Opernfans in der Manitoba Opera auf ihre Kosten. Das jeweils im Februar stattfindende „Festival du Voyageur“ ist das größte Winterfestival im westlichen Kanada, und schließlich ist das Folklorama sogar das größte ethnisch-kulturelle Festival in ganz Nordamerika. In 40 Pavillons stellen dann die Einwanderungsgruppen Winnipegs ihre Traditionen und ihr kulturelles Erbe vor. Wie beliebt die kulinarischen, tänzerischen und musikalischen Darbietungen der einzelnen Volksgruppen sind, zeigt die Meldung, daß die Amerikanische Bustour-Vereinigung das Folklorama zum Top-Ereignis des Jahres erkor. Berühmt ist auch das französisch sprechende Viertel St. Boniface, eine Stadt in der Stadt, die ihren Ursprung in einer Mission hat, die zwei Priester aus Quebec auf Anweisung von Lord Selkirk gründeten. Hier steht auch die älteste Kathedrale Westkanadas. Mehrmals wurde St. Boniface durch Feuer zerstört, die Frontfassaden blieben zum Glück fast immer erhalten und der Rest wurde immer wieder aufgebaut. Auf dem angrenzenden Friedhof befindet sich auch das Grab des Méti-Führers Louis Riel, den ich zu Beginn dieses Kapitels erwähnte.
Der wichtigste Platz in Winnipeg ist allerdings die uralte Versammlungsstätte The Forks am Zusammenfluß von Assiniboine- und Red River. An einer archäologischen Grabungsstelle kann man heute die Spuren vergangener Indianergenerationen besichtigen. Tierknochen, Kochgeräte und die Spuren von Feuerstellen lassen erkennen, daß die den Bisonherden nachziehenden Stämme hier oft ihr Lager aufgeschlagen hatten. The Forks (s. a. die Bildseiten 6/7) ist in den 90er Jahren nach umfangreichen Sanierungsarbeiten am Flußufer wieder ein wichtiger Treffpunkt geworden. Nur wenige Gehminuten vom

Seiten 26/27:
Eine der größten historischen Attraktionen Manitobas ist ohne Zweifel „Lower Fort Garry“, das steinerne Fort an den Ufern des Red River. Dieses nationale Denkmal liegt nur 32 Kilometer von der Hauptstadt Winnipeg entfernt.
Fotografiert mit der FUJI Panoramakamera G 617, Dia-Format 6 x 17 cm.

Seite 30 oben:
Rund 40 Kilometer nordwestlich von Winnipeg liegt die Oak Hammok Marsh, eines der artenreichsten Vogelschutzgebiete von Kanada. Durch die Sumpf- und Schilflandschaft kann man sogar mit einem Kanu paddeln.

Seite 30 unten:
Die Wood Duck ist eine der schönsten und farbigsten Entenarten Nordamerikas. Fotografiert in dem Schutzgebiet Oak Hammok Marsh.

Seite 31:
In der Oak Hammok Marsh, einem über 36 qkm großen Präriefeuchtgebiet, sind während der Vogelzugzeit über 100 000 Enten und Kanadagänse zu sehen.

Stadtzentrum entfernt, mit ausreichend Parkraum versehen, erwarten den Besucher zahllose Attraktionen, darunter ein Freilichttheater, in dem den ganzen Sommer über abwechslungsreiche Darbietungen zu sehen sind, ein Yachthafen, eine Uferpromenade, Bootsfahrten und ein riesiger mehrstöckiger Markt, der kulinarische Erzeugnisse aus aller Welt feilhält. Wenn man von hier aus genau nach Westen fährt, kommt man am Ende des Broadways zum wichtigsten politischen Gebäude Manitobas, dem Legislative Building. Parlamentsgebäude bauten die Kanadier gern im neoklassizistischen Stil. Das war auch in Winnipeg nicht anders, hier wurde allerdings Tyndall-Kalkstein (Muschelkalk) verbaut, der in der Nähe gebrochen wird. Die breiten, aus italienischem Marmor gebrochenen Stufen werden von zwei in Bronze gegossenen Büffeln bewacht, dem Wappentier der Provinz. Über allem thront auf der Kuppel des 1919 errichteten Gebäudes der Golden Boy, die vergoldete Skulptur eines Knaben, der eine Weizengarbe und eine Fackel trägt.

Dringend zu empfehlen ist ein Besuch im *Manitoba Museum of Man and Nature* und dem angeschlossenen Planetarium in der Rupert Avenue. Es zeigt in vielen Abteilungen die Entwicklung Zentralkanadas von der Eiszeit über die Trapper- und Siedlerzeit bis zur Gegenwart. Eindrucksvoll ist u. a. der begehbare Nachbau eines Segelschiffes, mit dem die Pelzhändler von England zur Hudson's Bay segelten. Hier startet auch im Juli und im August die Führung durch den *Exchange District*, eine Tour, die durch das älteste Stadtviertel von Winnipeg führt, in dem einst die Getreidebörse und zahlreiche Banken den Reichtum von *Western Canada* verkörperten. Wer an Western-Kleidung oder an Pelzerzeugnissen interessiert ist, der sollte in der Ross Avenue Nr. 314 bei der *Winnipeg Fur Exchance* vorbeischauen. Dort kann man preisgünstig authentische Indianerhandarbeiten direkt von den Herstellern kaufen.

Vor den nördlichen Toren Winnipegs liegt am Highway 9 ein weiterer touristischer Höhepunkt, den ich empfehle. Der *Lower Fort Garry Historic Park*, der älteste erhaltene steinerne Handelsposten Nordamerikas ist im Sommer mit seinen vielen Aktivitäten ein lebendiges historisches Spiegelbild der Ära der *Hudson's Bay Company*. (S. a. die Bildseiten 4, 5, 24, 26 und 27!) Das 1830 am Red River erbaute Fort war zu seiner Zeit ein wichtiger Verkehrsknotenpunkt, als York-Boote (lange, flach gebaute Paddelboote) zum Transport der Pelze aus den Gebieten des Mackenzie- und Athabasca-Flusses eingesetzt wurden. Nach dem Niedergang des Pelzhandels um 1870 wurde dann das Fort ein Militärposten und ein Gefängnis. Von 1911 bis 1951 nutzte der *Manitoba Motor Country Club* die dikken Mauern, danach übernahm der Staat die Verwaltung und erklärte *Lower Fort Garry* zum *National Historic Park*. Ich kann dieses Kapitel nicht beschließen, ohne die sportlichen Aktivitäten der Region zu streifen. Denn gerade hier ist Kanadas Nationalsport zu Hause. Die Eishokkeyspieler der *Winnipeg Jets* gewannen in den 70er Jahren dreimal die kanadische Meisterschaft. In der *Winnipeg Arena*, 15 – 1430 Maroons Road, Tel. (204) 982-5387, kosten die Eintrittskarten zu den Spielen der NHL, der *National Hokkey League*, zwischen 9 und 44 Dollar.

Vogelschutzgebiet Oak Hammok Marsh

Rund 40 Kilometer nordwestlich der Hauptstadt Winnipeg liegt eines der artenreichsten Vogelschutzgebiete von ganz Kanada. Ein über 36 Quadratkilometer großes Präriefeuchtgebiet, das während der Vogelzugzeit von weit über hunderttausend Enten und Kanadagänsen als Zwischenstation genutzt wird, wenn sie von den arktischen Regionen bis hinunter nach Florida unterwegs sind. Als in den frühen siebziger Jahren das Sumpfgebiet urbar gemacht wurde und Farmland entstand, ging die Population der Wildvögel dramatisch zurück.

Der *St. Andrews Bog*, wie ihn die ersten Siedler nannten, trocknete immer mehr aus. Und so entschloß sich die Regierung von Manitoba und der *Canadian Wildlife Service*, später kam noch die Vogelschutzorganisation *Ducks Unlimited* hinzu, das *Marsh Land* zum Schutzgebiet zu erklären. Es wurde ein sehr erfolgreiches Projekt. Man legte sogar für die Vögel eigens Getreidefelder an, damit die Gänse ihre Rast nicht auf den nahe liegenden Feldern der Farmer einlegten. Heute ist die *Oak Hammok Marsh* wieder die Heimat von über 260 verschiedenen Vogel- und 25 Säugetierarten. In der Hochsaison von Mitte September bis Mitte Oktober landen in dem Schutzgebiet 200 000 bis 300 000 Kanadagänse, über 60 000 Stockenten und 5000 Pfeif- und Krickenten. Sie kommen natürlich nicht alle auf einmal, aber etwa 5000 Kanadagänse haben wir auf einem Feld schon bewundern können.

Die beste Beobachtungszeit ist morgens früh gegen acht Uhr, dann fressen die Gänse ausgiebig und stehen dicht gedrängt beieinander. Aber kommt man ihnen zu nahe und stört sie, fliegen sie allesamt auf, und die Luft ist erfüllt von abertausend Flügelschlägen. Es ist ein einmaliges Erlebnis, wenn sich dann der Himmel über dem Betrachter verdunkelt und nur noch Rauschen und Gänsegeschrei um ihn sind. (S. a. Bildseite 31!)

1992 wurde das neue einstöckige *Oak Hammok Marsh Conservation Centre* fertig, ein sehr interessantes Verwaltungs- und Informationszentrum, in dem außer einer Ausstellungshalle auch ein 120sitziges Theater untergebracht ist. Direkt am Eingang befindet sich ein großes Diorama, auf dem das Leben der Marsh sehr anschaulich dargestellt wird. Weiter geht es vorbei am obligatorischen Gift Shop zur großen Ausstellungshalle, wo bei verschiedenen Ausstellungsstükken das Anfassen ausdrücklich erwünscht ist. Hier stehen auch Teleskope, mit denen man die Vogelwelt der Prärie, die sich an einem vorgelagerten See ein Stelldichein gibt, dicht heranholen kann. Das Informationszentrum ist von weitläufigen begehbaren Dämmen, Deichen und Spazierpfaden umgeben. Selbst in unmittelbarer Nähe kann der Besucher mit wenig Zeit auf einem 300 m langen Lehrpfad interessante Entdeckungen machen.

Das aus hellem Kalkstein gebaute Zentrum ist nicht nur im Sommer geöffnet, das ganze Jahr über findet hier der Vogelliebhaber Möglichkeiten, die Tierwelt kennenzulernen. Als besondere Attraktion werden im Sommer Kanutouren angeboten, die durch die Sumpflandschaft der Marsh führen und hautnahes Naturerleben vermitteln.

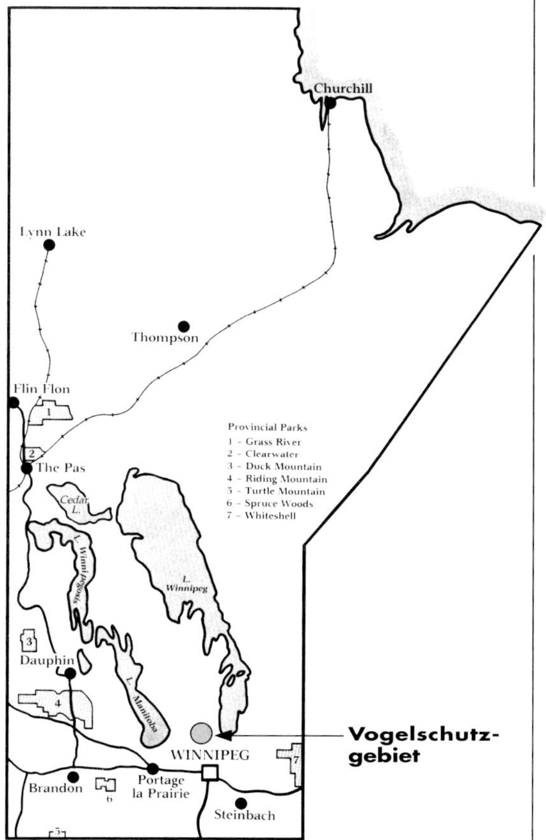

CLIPPER

Schlangen, überall Schlangen

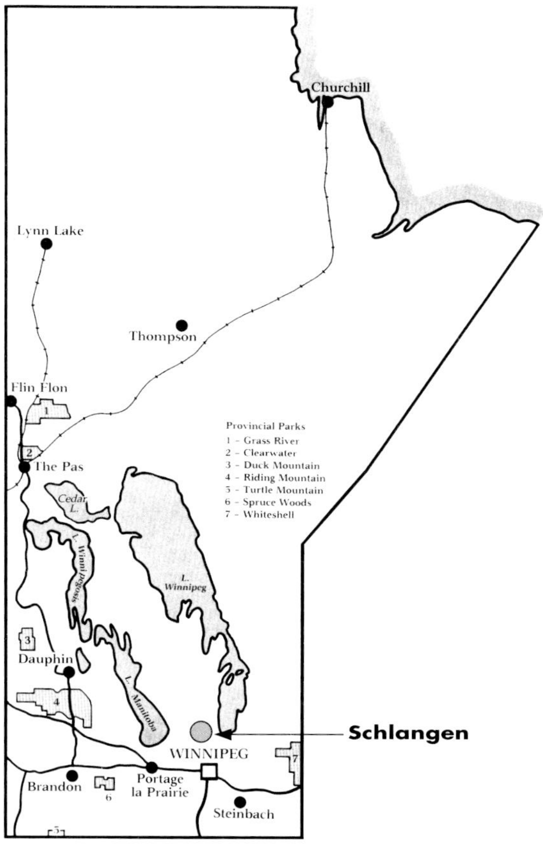

Selbst wenn Sie eine Schlangenphobie haben und Ihnen die Überschrift leichtes Unbehagen bereitet, sollten Sie dennoch weiterlesen. Denn was es über die Schlangen von Manitoba zu berichten gibt, ist faszinierend und einmalig. Rund 130 Kilometer nördlich von Winnipeg versammeln sich alljährlich Tausende von ungiftigen Nattern zu einem einzigartigen Fortpflanzungsritual. Nirgendwo findet man auf unserer Erde eine solch riesige Ansammlung von Schlangen, die sich auf einem derart kleinen, begrenzten Raum beobachten lassen. Die Beobachtungsplätze konzentrieren sich auf drei große Felslöcher im erodierten Kalkstein der *Interlake Area*, dem Gebiet zwischen Lake Winnipeg und Lake Manitoba. Die beste Zeit, das einmalige Paarungsritual der Schlangen zu beobachten, liegt sinnigerweise um den Muttertag. Etwas ernsthafter sollte man vielleicht sagen, wenn das Wetter gut ist, und die ersten Frühlingssonnenstrahlen die Landschaft erwärmen, kann man von der letzten Aprilwoche bis Mitte Mai das Schauspiel erleben. Das war auch die Zeit, als ich mich mit Bill Kunz, einem Wildbiologen aus Winnipeg, traf. Normalerweise ist er für die Falkenpopulation in der Hauptstadt zuständig, bei personellen Engpässen seiner Dienststelle *Manitoba Natural Resources* vertritt er aber auch seinen Boss Ted Muir, den Experten für die Schlangen. Während der Anfahrt zu den *Snake Dens*, den Schlangenlöchern, in denen die Schlangen den Winter verbringen, haben wir viel Zeit, uns über die Tierwelt von Manitoba zu unterhalten. Bill erweist sich als ein lebendiger Gesprächspartner, kenntnisreich erzählt er mir so viel Interessantes über das Naturschauspiel der Schlangenpaarung, daß ich unsere Ankunft bei den Beobachtungsplätzen kaum erwarten kann. An der ersten Kalkgrube sehe ich schon Unmengen von ineinander verschlungenen Reptilien, die hier *Red-sided Garter Snakes* genannt werden. Es ist eine etwa 80 cm lange, grau-braun mit gelben Streifen gefärbte, harmlose Schlangenart, die an unsere europäische Blindschleiche erinnert. Diese Schlangenart gehört zur Gattung der Strumpfbandnattern (ihre genaue Artenbezeichnung: Thamnophis sirtalis prarietalis) und zu den häufigsten und am weitesten verbreiteten Schlangen Nordamerikas, sie kommt von den tropischen Wäldern Südamerikas bis fast zur kanadischen Arktis vor. Durch die Spalten und Klüfte des Kalkgesteins gelangen die Schlangen in den Boden und verbringen unterhalb der Frostgrenze den Winter. So kann die Kälte, die in Manitoba im Winter durchaus minus 40 Grad Celsius erreichen kann, ihnen nichts anhaben. Nach sieben Monaten Kältestarre werden die Schlangen von der wärmenden Aprilsonne an die Oberfläche gelockt. Die etwas dünneren und kürzeren Männchen tauchen zuerst in Massen auf, ihnen folgen einzeln die Weibchen. Jedes wird von 30 bis 40 Bewerbern sehnsüchtig begrüßt. Die weiblichen Schlangen scheiden einen Duftstoff aus, der sie für die männlichen Tiere äußerst anziehend macht. Schon bald winden sie sich in ihrem Paarungsritual über- und untereinander. Diese *Mating Balls*, Hochzeitsbälle, sind überraschenderweise nicht, wie sonst oft im Tierreich, von Konkurrenzkämpfen geprägt. Die männlichen Nattern zeigen keine erkennbare Eifersucht, sie versuchen nur, sich um eine

Partnerin herumzuwinden und die Paarungsstellung zu erreichen. Nach der Paarung verschließt ein Schleimpfropfen die Geschlechtsöffnung. Dieser Pfropfen gibt einen Duftstoff ab, der abweisend wirkt, wodurch das Weibchen seine Anziehungskraft verliert. Besonders stark sind die Aktivitäten der Schlangen an sonnenüberfluteten Tagen. Dann wimmelt es nur so von ihnen in dem Gebiet, das ungefähr zwei Fußballfelder groß ist. Bei jedem Schritt muß man behutsam schauen, daß man nicht im Gras versehentlich auf sie tritt. Die Hochzeitsbälle hängen teilweise in den Büschen, und selbst in meiner Fototasche wanden sich Schlangen durch die Fächer. In solchen Fällen ist es ausnahmsweise erlaubt, die Tiere anzufassen. Zum Leidwesen ihrer Eltern nutzen viele Kinder ausgiebig diese schöne Möglichkeit, Erwachsene zu erschrecken. Doch die vielen freiwilligen Helfer der Wildbehörde achten sehr darauf, daß die wimmelnden Schlangen, die übrigens eine ganz trockene Natternhaut haben, nicht mit nach Hause genommen werden. Nach dieser Massenhochzeit verteilen sich die Reptilien bis zu 20 Kilometer weit in der Umgebung. Zunächst sind die Weibchen in sehr schlechter Verfassung. Geschwächt von der nahrungslosen Überwinterung und der anstrengenden Paarungszeit, sind sie zunächst nicht in der Lage, Junge auszutragen. Deshalb bewahren sie die männlichen Samenzellen so lange auf, bis sie sich erholt haben. Erst dann werden die Eier befruchtet, so daß die Jungen, manchmal bis zu 40 an der Zahl, im August lebend zur Welt kommen. Gleich von Anfang an sind die fingerlangen Schlangenbabys auf sich gestellt, sie fressen kleine Würmer und Insekten. Ihren ersten Winter verbringen sie in verlassenen Nagetierhöhlen. Erst im nächsten Jahr schließen sie sich den anderen Schlangen an, um gemeinsam in den beschriebenen Kalksteinhöhlen zu überwintern. Mein Begleiter Bill ist über den wachsenden Besucherstrom, den dieses Naturschauspiel alljährlich anzieht, nicht sehr glücklich. Am Ende eines jeden Besuchertages findet man auf den Wegen totgetretene und verletzte Schlangen. Bei einem noch größer werdenden Interesse befürchtet er sogar eine gravierende Störung bei der Fortpflanzung und ein Zurückgehen der Schlangenpopulation. Schließlich werden auch noch Tausende *Red-sided Garter Snakes* auf ihrer Wanderung von Autos überfahren. Aber direkt bei den Felslöchern wolle man nun die Schlangen besser schützen, kündigt er an. Es sollen erhöhte Holzstege gebaut werden, so daß die Besucher die Schlangen nicht mehr unmittelbar stören können und auch das Anfassen stark reduziert würde. Die *Snake Dens* der *Narcisse Wildlife Management Area* befinden sich rund sechs Kilometer nördlich des am Highway 17 gelegenen kleinen Ortes Narcisse. An einem Hinweisschild biegt man nach Osten in eine Schotterstraße ein, und nach wenigen Minuten erreicht man den Parkplatz mit Orientierungstafel und Toiletten. Zu den Schlangen führt ein gut gekennzeichneter, drei Kilometer langer Wanderweg, der durch eine offene Buschlandschaft führt. Auf der Rückfahrt nach Winnipeg sollte man nicht versäumen, in Inwood, dem nächsten Ort, anzuhalten und sich die überlebensgroße Schlangen-Skulptur anzusehen, die von einer ortsansässigen Lehrerin gestaltet wurde.

Seite 34 oben:
Völlig harmlos sind die „Red-sided Garter Snakes“, die zu Tausenden im Mai aus ihren Höhlen kriechen. Ein faszinierendes und interessantes Naturschauspiel, das sich alljährlich in der Region zwischen dem Lake Winnipeg und Lake Manitoba wiederholt.

Seite 34 unten:
Diese Hochzeits-Schlangenbälle, genannt „mating balls“, sind ein einzigartiges Fortpflanzungsritual, das sich nur an zwei Plätzen der Erde vollzieht. Der eine Platz ist in Malaysia und der andere ist hier, in Manitoba, 130 Kilometer von Winnipeg entfernt.

Seite 35:
Neugierig schauen diese zwei Nattern in das Makro-Objektiv meiner LEICA Kamera.

F.B.I.
II

Whiteshell Provincial Park

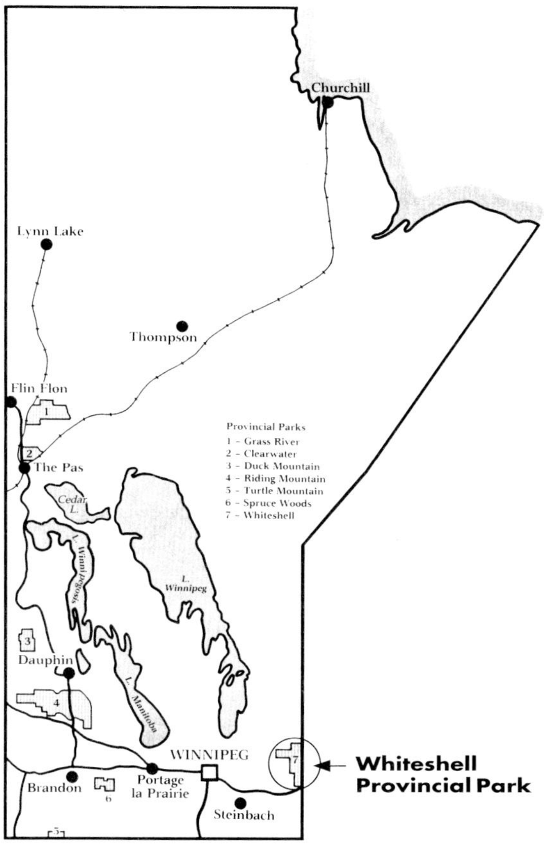

Als ich das erste Mal in den östlichsten *Provincial Park* von Manitoba kam, war ich zunächst enttäuscht. Ich sah zwar herrliche, bewaldete Seen, aber die Ufer waren mit unzähligen kleinen Ferienhäusern übersät. Sollte das wirklich die hochgelobte Wildnis sein, von der mir Karen Kingsland, mein offizieller *Travel Co-Ordinator* der Provinz Manitoba, vorgeschwärmt hatte? Bei meiner Reiseplanung hatte sie mich beschworen: „Du mußt unbedingt den *Whiteshell Provincial Park* in deinem Buch beschreiben, er ist unsere populärste Urlaubsregion. Ich habe dort selber ein Cottage (Ferienhaus), es ist ein herrliches Fleckchen Erde."

Aber nun stand ich 120 Kilometer von Winnipeg entfernt, unmittelbar an der Grenze zur Nachbarprovinz Ontario, am Sandstrand des West Hawk Lake im *Whiteshell Provincial Park* und wunderte mich. Um mich herum lärmende Menschen, die sich in die kalten Fluten des Sees stürzten, Motorboote, die mit vollem Speed über das Wasser schossen und ein Wasserflugzeug, das gerade seine Motoren anließ. Dazwischen eine Familie von Mud Ducks, einer grau-rot gefärbten Entenart, die sich hauptsächlich von kleinen Fischen ernährt. Meine Frau, die mich auf fast allen Kanadareisen begleitet, sagte, was ich auch dachte: „Komm, laß uns wieder nach Winnipeg zurückfahren, diesen Trubel finden wir auch bei uns in Europa." Aber dann erinnerte ich mich an die Größe des Parks: „Wenn der Park 2600 Quadratkilometer groß ist, kann es an seinen Ufern nicht nur Badestrände geben. Er ist so groß wie das Saarland, da wird wohl auch noch Platz für Wildnis sein. Sehen wir uns doch mal die Unterkunft an, die Karen für uns reserviert hat." Wir mußten nicht weit gehen, direkt gegenüber einem Bootssteg am West Hawk Lake befindet sich die *Tallpine Lodge*, eine Ferienanlage mit 10 Holzhäusern. Da wir uns diese Herberge nicht selbst ausgesucht hatten, wußten wir nicht, was uns erwartete. Daß es kein Telefon gab, schien auf geringen Komfort hinzudeuten. Schilder mit Hinweisen auf strikte Ruhezeiten und die Auflage, die Blockhütten auf keinen Fall mit mehr als zwei Personen zu bewohnen, stimmten uns vollends auf spartanische Verhältnisse ein. Deshalb schoben wir den Besuch unserer Lodge bis zur Dämmerung auf. Es war dann sogar schon richtig dunkel, als wir unsere Hütte am Waldrand betraten. Ich prüfte noch einmal die Schlüsselnummer, als wir vor einer riesengroßen Hütte standen. Wir waren tatsächlich richtig und trauten trotzdem unseren Augen nicht: Unsere vermeintlich schlichte Hütte besaß ein ca. 36 Quadratmeter großes Wohnzimmer mit Kamin und einer Eßtheke, eine kleine Küche, eine Sauna, ein großes Schlafzimmer, ein Bad, ein weiteres Schlafzimmer, diesmal mit Wasserbetten ausgestattet, und einen für zwei Personen sehr großen Whirlpool, von dem man einen wunderschönen Ausblick auf den nahen Wald hatte. Als wir an verschiedenen Stellen im Haus Anspielungen auf einen gelungenen *Honeymoon* entdeckten, dämmerte uns, wie alles zusammenpaßte: Wir befanden uns in einer Ferienanlage, die speziell für Hochzeitsreisende eingerichtet ist. Auch als schon länger verheiratetes Paar nutzen wir an diesem Abend ausgiebig den Whirlpool und die Sauna. Am nächsten Morgen waren wir

fast traurig, daß wir diese herrliche Ferienanlage schon wieder verlassen mußten, die Regierung hatte uns nur für eine Nacht eingebucht. Meine Frau meinte zwar augenzwinkernd, wir seien ja schließlich nicht zum Vergnügen hier, sondern zum Fotografieren. Aber da ich im nächsten Jahr mein sechstes Kanada-Buch, diesmal über die Provinz Ontario, vorbereiten wollte, und die *Tallpine Lodge* nur einen Steinwurf von Ontario entfernt liegt, mußte ich ihr fest versprechen, daß wir wieder hierhin zurückkehren werden. Für alle Kanadabesucher, die auch einmal so traumhaft wohnen wollen, hier die Anschrift der unweit des *Trans-Canada Highway* gelegenen Lodge: Tallpine Lodge, Whiteshell, Postbox, R0E 2H0, Tel. (204) 349-2209. Anschließend fanden wir im *Whiteshell Provincial Park* dann auch die vielgerühmte kanadische Wildnis pur. Außerhalb der meistbesuchten Gegenden am West Hawk Lake (der kreisrunde See ist übrigens mit 111 Metern der tiefste der Provinz und soll durch einen Meteoriteneinschlag entstanden sein) und am Falcon Lake, wo sich das Urlaubsleben vor allem abspielt, gibt es über 200 Seen und rund 50 Wanderwege, die alles bieten, vom leichten, zwei Kilometer kurzen Rundwanderweg bis zum 66 Kilometer langen *Mantario Trail*, dem längsten *Hiking Trail* auf dem kanadischen Schild in Western Canada.
Das Gestein des Parks ist Teil des kanadischen Schildes, seine Oberfläche wurde vor rund 2,5 Millionen Jahren geformt. Die Präsenz des Menschen in dieser Region haben die Archäologen auf 8000 Jahre zurückverfolgt. Fundstücke, wie Pfeilspitzen und Hammersteine, kann man im Museum am Nutimik Lake bewundern. An verschiedenen Stellen kann man noch heute geheimnisvolle Gesteinsanhäufungen, im Englischen *petroforms* genannt, entdecken. Diese kleinen Steinhaufen wurden von den Vorfahren der *Ojibwe*-Indianer, den *Algonkians,* gestaltet. Mit faustgroßen Steinen haben sie die Konturen von Schildkröten, Schlangen, Menschen und geometrischen Formen in den Boden eingelassen. Noch heute benutzen die *Objibwe*-Indianer die *Petroforms* ihrer Vorfahren als Kultstätten. Die schönsten Petroform-Figuren sind im Nordwesten des Parks zu sehen, wo der Highway 307 nahe an den Betula Lake herankommt. Nur per Zufall fanden wir die Stelle. Aufmerksam wurden wir durch ein Teepee, ein Indianerzelt, das direkt am Wegesrand stand. Auf einem Hocker davor saß ein junger Indianer, der auf Besucher wartete, die sich für die Petroforms interessieren. Über einen kleinen Fußweg führte er uns zu der mystischen Stelle. Anscheinend war es in diesem Jahr seine erste Führung, denn er war sehr nervös und seine Erklärungen haspelig. Doch wegen der netten Art und Weise, in der er uns die heiligen Stätten seiner Vorfahren erklärte, störte es uns keineswegs, daß wir schon genau hinhören mußten. Aber als ich ihn nach einer genaueren Deutung der Steinformationen fragte, mußte er passen. Seine Vorfahren hätten immer ein Geheimnis daraus gemacht. Den Überlieferungen zufolge sprechen sie an diesem Platz mit den Geistern. Diese Erklärung habe er von seinem Vater übernommen. Wie auch immer, allein die Petroforms vom *Bannock Point* sind es wert, dem *Whiteshell Provincial Park* einen Besuch

Seiten 38/39:
In der Nähe des Betula Lake im Whiteshell Provincial Park findet man diese geheimnisvollen Gesteinsformationen der Indianer. In den Sommermonaten erklärt ein junger Indianer die Bedeutung der „petroforms", die von seinen Vorfahren hier auf die Granitfelsen des kanadischen Schildes ausgelegt wurden.
Fotografiert mit einer superweiten WIDELUX Panoramakamera im Dia-Format 6 x 12 cm.

Seite 40:
Überhaupt nicht damit einverstanden war der stolze Indianer George Bear, daß ich ihn fotografierte, als Frauen seine Zöpfe flechteten. Dieser Schnappschuß gelang während des Red River-Rendezvous am Lower Fort Garry.

Seite 41:
Ein Höhepunkt im Leben der Cree-Indianer Manitobas ist das Blueberry Festival von Black Island, wo auch diese drei Indianer tanzten.

Seiten 42/43:
Das von deutschen Mennoniten aufgebaute Museumsdorf von Steinbach ist die größte Attraktion im Süden Manitobas. Hier wird das Leben dieser Glaubensgemeinschaft, die um die Jahrhundertwende sich im Süden der Provinz niederließ, eindrucksvoll dargestellt.

Livery Barn
RESTAURANT

CHSM

Seite 46:
Im Autohandel sind die Mennoniten von Steinbach sehr geschäftstüchtig. Deshalb wird der Ort mit seinen über ein Dutzend Kirchen, auch Manitobas „Automobile City" genannt.

Seite 47:
Der Müller vom Mennonite Heritage Village Museum in Steinbach spricht noch die Sprache seiner deutschen Vorfahren.

abzustatten. (S. a. die Bildseiten 38/39!) Ganz in der Nähe liegt ein weiterer interessanter Stop, ein 10 Kilometer langer Rundweg, der über moosbewachsene Granitfelsen zu den Stromschnellen von *Pine Point* am Whiteshell River führt. Der Trail startet ebenfalls am Highway 307 und ist ein Leckerbissen für Fotografen. Ähnlich pittoresk und fotografisch lohnend sind die *Rainbow Falls*, die auch über den Highway 307, nur etwas südlicher, zu erreichen sind. Die Straßenbezeichnung „Highway" ist freilich etwas übertrieben. Die einzige große Verbindungsroute in diesem 273 500 Hektar großen Park ist in Wirklichkeit eine sehr kurvenreiche und schmale zweispurige Straße. Sollte ein interessantes Wild den Weg kreuzen, kann man nicht einfach mal stoppen, das läßt der starke Verkehr, besonders während der Schulferien, nicht zu.

In der äußersten nordwestlichen Ecke des Parks am Winnipeg River, zwischen dem Natalie Lake und Sylvin Lake, in der Nähe des kleinen Ortes Lac du Bonnet, befindet sich eine weitere Attraktion. Hier steht die Ruine des ersten aus Stein gebauten Dammes in Manitoba, der seinerzeit zur Stromerzeugung gebaut wurde. Seit den 50er Jahren ist der Ort als Badeplatz beliebt, wo es viel zu entdekken gibt und auch gern Partys gefeiert werden. Ganz in der Nähe, bei Pinawa, gibt es eine Forschungsstation für Kernenergie; eine angebotene Besichtigungstour haben wir aber abgelehnt. Denn wir kommen ja nach Kanada wegen der frischen Luft und der noch intakten Natur, und nicht mit Atomenergie konfrontiert zu werden. Den Winnipeg River säumen viele intakte Wasserkraftwerke, die mit der Stromerzeugung einen gar nicht so geringen Anteil am Wohlstand von Manitoba haben, doch hierzu mehr, wenn ich den Norden der Provinz beschreibe. Der Norden des Parks bleibt dem mobilen Besucher weitgehend verschlossen, hier findet er nur noch die Wasserwege, auf denen schon vor 200 Jahren die Voyageure unterwegs waren. Nur eine einzige Straße dringt im nördlichen Abschnitt noch bis zum Rand vor. Es ist die Straße Nr. 313, die am Winnipeg River, dem nordwestlichen Grenzfluß bei der Ansiedlung Pointe du Bois (133 Einwohner), endet. Hier fühlten wir uns wie am Ende der Welt, es gab nur ein paar verlassen wirkende Häuser, eine riesige Generatorstation und einen Campingplatz, auf dem offenbar die meisten Einheimischen wohnen. Pointe du Bois ist aber auch der Ausgangspunkt für eine fast 100 Kilometer lange Kanutour, die über den George Lake und den Crowduck Lake bis zur Grenze nach Ontario führt. Wir hatten zudem gehofft, in dieser Gegend einen der angeblich so zahlreichen Schwarzbären zu treffen. Wir sahen aber noch nicht einmal die Nasenspitze eines Bären. Mehr Glück hatten wir später im *Riding Mountain National Park*. Das beschreiben wir näher im Kapitel 7. Ein wichtigerer und erwähnenswerter Ort des Parks liegt tief im Süden, dort wo sich der Trans-Canada Highway von vier auf zwei Fahrspuren verengt. Der Ferienort Falcon Lake mit seinen Versorgungsmöglichkeiten und einer Tankstelle hat zwar nur 114 Einwohner, bietet aber mit dem Falcon Lake Resort Hotel und dem Big Buffalo Resort ausgezeichnete Übernachtungsmöglichkeiten der gehobenen Klasse.

Deutsche in Manitoba

Seit dem 17. Jahrhundert haben sich viele Deutsche in Kanada niedergelassen und seither bedeutende Beiträge zu Wirtschaft, Wissenschaft und Politik des Landes geleistet. Durch den seit über 300 Jahren nahezu ununterbrochenen Zustrom deutscher Einwanderer sind die deutschstämmigen Kanadier zur drittgrößten Volksgruppe (nach den englisch- und französischstämmigen) geworden. Es handelt sich hier um eine Volksgruppe, die mehr durch eine gemeinsame Sprache als durch einheitliche Nationalität oder Konfession verbunden ist. Viele der 1,5 Millionen Deutsch-Kanadier stammen nicht aus Deutschland, sondern aus einer Vielzahl von Ländern, die in der Vergangenheit besondere Verbindungen zum ehemaligen Deutschen Reich besaßen: Aus Polen, Rumänien, der Schweiz, Ungarn, Österreich und Teilen Rußlands. Die Deutsch-Kanadier sind überwiegend Protestanten (Lutheraner, Mennoniten, Mitglieder der Vereinigten Kirche), nur 25 Prozent sind Katholiken. In der Kolonialzeit wurden deutsche Einwanderer sehr gern aufgenommen, weil man glaubte, daß sie besonders gut mit dem harten Pionierleben zurechtkämen. In der Tat waren die ersten deutschen Siedler hervorragende Farmer. Vor allem amerikanische Siedler deutscher Abstammung, die als Loyalisten der britischen Krone die Treue hielten, und aus Pennsylvania eingewanderte Mennoniten verwandelten die Wälder Kanadas in fruchtbares Akkerland. In der zweiten Hälfte des 19. Jahrhunderts zeigten aus Südrußland eingewanderte deutschstämmige Mennoniten als erste, daß man in Manitoba Landwirtschaft auch großflächig betreiben kann. Viele deutsche Einwanderer waren hervorragende Handwerker, die im Laufe der Jahre erfolgreiche Unternehmen aufgebaut haben. Zahlreiche Namen kanadischer Produkte zeugen heute noch von der deutschen Herkunft der Firmeninhaber: Knechtel & Krug, Heintzmann Klaviere, Schneiders Würstchen und Breithaupt Lederwaren, um nur einige zu nennen. Und natürlich die Kröger-Uhren des bekannten Mennoniten aus Winnipeg. Da besonders die Mennoniten Manitobas einen großen Beitrag zum Wohlstand der Provinz leisteten und ich bislang falsche Vorstellungen vom Leben dieser Glaubensgemeinschaft hatte, bin ich ihren Spuren ein wenig gefolgt. Irgendwie hatte ich die Mennoniten mit der Glaubensgemeinschaft der Hutterer, die ich in meinem Buch *Kanada – Saskatchewan* näher beschrieb, in einen Topf geworfen. Beide Glaubensgemeinschaften haben zwar verwandte historische Wurzeln und auch gemeinsame Überzeugungen, doch in Kanada sind die Lebensweisen der Konfessionen sehr unterschiedlich. So war ich überrascht, als ich meinem ersten Mennoniten gegenüberstand. Es war Harv Klassen, der Direktor des *Mennonite Heritage Village Museum*, der im Süden Manitobas in der Kleinstadt Steinbach das wohl berühmteste Mennoniten-Museum Kanadas leitet. Er stand nicht wie ein Hutterer in selbstgenähter Kleidung und mit kurzem Haarschnitt vor mir, im Gegenteil, sein Erscheinungsbild unterschied sich nicht im geringsten von anderen Kanadiern. Er betonte auch seinen Glauben nicht sonderlich demonstrativ. Als wir bei ihm zum Abendessen eingeladen waren, sprach er zum Beispiel nur ein kurzes Gebet: „Lieber Gott, wir danken dir für die Speisen,

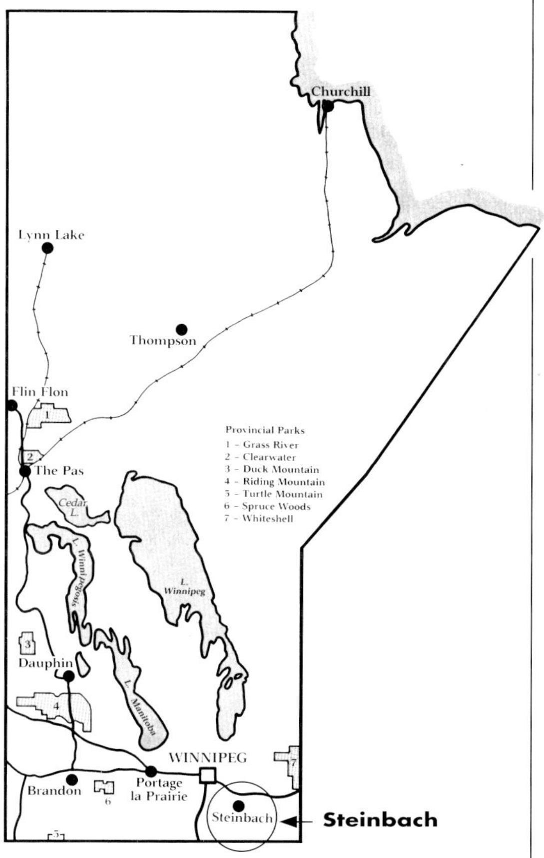

MENNONITE
HERITAGE
VILLAGE
IN MEMORY OF

Whole Wheat

die wir unseren Gästen anbieten dürfen! Amen." Als ich von den sehr viel innigeren Tischgebeten der Hutterer berichtete, lächelte Harv Klassen: „Wir sind genauso gottesfürchtig wie unsere Glaubensbrüder, doch bei uns ist alles ein wenig freier." Für den Glaubenseifer der Mennoniten sprach allein schon die Tatsache, daß es in der Gemeinde Steinbach 21 Mennoniten-Kirchen bei weniger als 10 000 Einwohnern gibt. Im Laufe des Abends erhielten wir ausführlichere Einblicke in Geschichte, Glauben und Lebensformen der Mennoniten. Einige der Informationen will ich hier zusammenfassen. Die christliche Gemeinschaft der Mennoniten entstand während der Reformationszeit. Vor etwa 470 Jahren, während viele Christen nach neuen Glaubensformen suchten, die sich stärker an der Botschaft des Neuen Testaments orientieren sollten. Es entwickelten sich vier Hauptgruppen: Lutheraner, Reformierte, Anglikaner und Täufer. Unter der Führung der Schweizer Konrad Grebel und Felix Manz forderten die Täufer die Befreiung der Kirche von staatlicher Kontrolle und den bewußten, freiwilligen Beitritt der Gläubigen zu ihrer Religionsgemeinschaft. Sie unterstrichen dies, indem sie nur die Taufe von Erwachsenen gelten ließen. Das Neue Testament betrachteten sie als den einzig gültigen Leitfaden für Glauben und Leben. Menno Simons, von ihm leitet sich der Name Mennoniten ab, ein ehemaliger niederländischer Priester, wurde ein bedeutender Führer der ersten Täufer, er setzte sich für eine besonders freiheitlich orientierte Glaubensgemeinschaft ein. Um Duldung und Glaubensfreiheit zu finden, zogen schweizerische und süddeutsche Mennoniten Ende des achtzehnten Jahrhunderts nach Kanada. Niederländische Mennoniten, hierzu zählen sich auch die Mennoniten von Steinbach in Manitoba, waren viel früher nach Norddeutschland und Preußen gezogen. In den 1780er Jahren zogen viele Familien aus jenen Gebieten auf Einladung von Katharina II. weiter nach Neu-Rußland (Ukraine). Etwa ein Jahrhundert danach, als ihr religiöses und wirtschaftliches Leben auch dort bedroht erschien, verließen über 7000 Mennoniten Rußland und ließen sich in Kanada, besonders in Manitoba, Saskatchewan und Ontario nieder. Während und nach den beiden Weltkriegen schlossen sich etwa 4500 weitere russische Mennoniten der Auswanderungsbewegung an. Heute gibt es in Kanada weit über 100 000 getaufte Gemeindemitglieder in mehr als 600 Gemeinden.

Dank Harv Klassen weiß ich nun auch, warum die Mennoniten in der Regel nicht so gekleidet sind, wie ich sie mir vorgestellt hatte. Es gibt nämlich zwei unterschiedliche Richtungen unter den Täufergemeinden, die *„Old Order Amish"* und die *„Old Order Mennonites"*. Während die einen bestrebt sind, die Besonderheiten ihres Glaubens auch äußerlich zu demonstrieren, passen sich die anderen in ihrer Lebensweise äußerlich der herrschenden Kultur an. Die letztgenannte Richtung umfaßt mit Abstand die größere Gruppe der Mennoniten-Brüder. Sie sagen, auf das „innere Dasein" komme es an. In Manitoba trafen die ersten Mennoniten im Jahre 1874 ein. Sie stammten zum größten Teil von jenen Gruppen ab, die aus Norddeutschland über Preußen in die Ukraine gezogen waren. Die kanadische Regierung siedelte sie südlich von

Winnipeg rechts und links des Red River an. Sie wurden vom kanadischen Heimstättengesetz befreit, d. h. ihnen wurde erlaubt, nach europäischem Muster alle Häuser eines Dorfes entlang einer Straße zu bauen. Der Ort Steinbach ist ein anschauliches Beispiel für diese in Nordamerika ungewöhnliche Siedlungsform. Einer der Gründer des Ortes war David Klassen, ein Uronkel meines Gastgebers, der seine Ansiedlung *Rosenhof* nannte. Noch heute kann man auf der Landkarte Manitobas viele Ortsnamen lesen, die mennonitischen Ursprungs sind, wie: Kleefeld, Blumenort, Grünthal, Gnadenthal und eben Steinbach, der sehenswerteste aller Mennonitenorte, weil im Museumsdorf die Vergangenheit lebendig wird. Hier wird die Entwicklung der niederländisch-deutschen Mennoniten in ihrer neuen Heimat in 28 Gebäuden dargestellt. Im Zentrum des Dorfmuseums steht eine holländische Windmühle, die Nachbildung einer 1877 in Steinbach gebauten Mühle mit über 20 Meter langen Flügeln. Sie ist die einzige Mühle dieser Art in Kanada und wurde 1972 nach Originalbauplänen für 100 000 Dollar nachgebaut. Im *Livery Barn Restaurant*, einer umgebauten Vorratsscheune, serviert man traditionelle Mennoniten-Hausmannskost. Als wir dort zu Gast waren, feierten gerade die Bürger von Steinbach ihre *Pioneer Days*, an denen man z. B. noch einmal alte Maschinen zum Laufen brachte. (S. a. die Bildseiten 8, 9, 42, 43 und 46!) Eine Museumstour beginnt an der Kasse des 1990 fertiggestellten *Village Centre*. Für ein Eintrittsgeld von etwas über 3 Dollar kann man in eine für kanadische Verhältnisse fremde Welt eintauchen. Interessant ist der *Mennonite House-Barn*, das 1892 in traditionellem Stil gebaute Wohnhaus mit Steinofen von Jacob Teichröb, der südwestlich von Steinbach in dem Ort Winkler einer der ersten Mennoniten war. Sehenswert ist die Druckerei, die mit ihrer Handpresse von 1909 bis 1946 in Steinbach in Betrieb war. Geöffnet ist das *Mennonite Heritage Village*, Tel. 326-9661, im Sommer täglich von 9.00 Uhr bis 19.00 Uhr, außer an Sonntagen. Dann ist wegen des obligatorischen Gottesdienstbesuchs erst ab 12.00 Uhr Einlaß. Im Winter, von Oktober bis April, ist das Museum an Wochenenden generell geschlossen. Steinbach ist übrigens nur eine Autostunde von Winnipeg entfernt und erreichbar über den *Trans-Canada Highway* und den Highway 12. Für den Besucher, der in Steinbach übernachten möchte, gibt es für mich nur eine Empfehlung: das preisgünstige und sehr gediegene 25-Zimmer-Hotel *Dutch Connection Inn* in der Brandt Road Nr. 88. Der Beitrag, den christliche Glaubensgemeinschaften deutscher Herkunft zur Entwicklung Manitobas geleistet haben, ist besonders augenfällig. Die Beiträge anderer deutschstämmiger Gruppen sind oft schwerer auszumachen. So merkt man wenig von den deutschsprachigen Einwanderern, die nach 1950 wieder in das Land strömten. Diese Neubürger, und das hat sich bis zum heutigen Tage nicht geändert, waren bemüht, sich möglichst rasch zu assimilieren. Dieser Integrationsprozeß ist so weit fortgeschritten, daß „die Deutschen“, obgleich Kanadas drittgrößte ethnische Gruppe, im multikulturellen Mosaik des Landes heute nur noch wenig in Erscheinung treten.

Seite 50:
Über 4400 Kornspeicher gibt es in Manitoba, die besonders im Süden der Provinz das Bild der flachen Landschaft prägen.

Seite 51:
Doch auch bei den „Kathedralen der Pärie“ läßt sich die Bauweise moderner Architektur nicht aufhalten. Beton und Stahl treten an die Stelle traditioneller Baumaterialen.

Canada
Canada
CNWX 111010

UGG
UGG
DUNDONALD

Der Südwesten

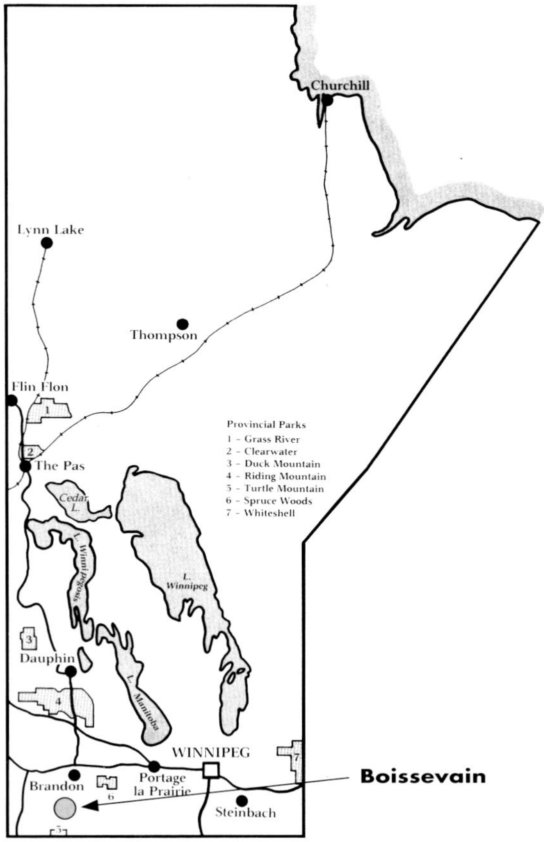

„Wenn du in den Südwesten von Manitoba kommst, mußt du auf jeden Fall nach Boissevain fahren, dort gibt es etwas Außergewöhnliches zu fotografieren: Unser Schildkröten-Rennen ist einmalig auf der Welt.“ Ich muß verwundert dreingeschaut haben, als der Chef der Tourismusbehörde in Manitoba, Dennis Maksymetz, beschwörend auf mich einredete. Charles Hatzipanayis vom Büro für Tourismus, der im Auftrag der kanadischen Bundesregierung für Manitoba Werbung macht, unterstützte seinen Kollegen: „Ich würde es dir nie verzeihen, wenn du ein Buch über Manitoba schriebst, ohne das *Turtle Derby* zu erwähnen!“ Charles nenne ich gern einen patriotischen kanadischen Zyprioten. Seitdem wir im griechischen Pavillon in Winnipeg heftig miteinander das multikulturelle *Folklorama*-Fest (siehe Kapitel 1) feierten, weiß ich, daß er mit Leib und Seele Kanadier, aber ebenso eng mit seinem Heimatland Zypern verbunden ist. Auf meine Frage, was denn am Schildkröten-Wettrennen so interessant sei, gingen die beiden erst gar nicht ein. Statt dessen trieben sie mich zur Eile an: „Wenn du das Eröffnungsfeuerwerk miterleben möchtest, solltest du sofort losfahren. Für die knappen 300 Kilometer wirst du mindestens 3 Stunden brauchen.“ So fuhren wir, nicht wissend, was uns erwartete, über den *Trans-Canada Highway* nach Westen, verließen ihn bei Brandon, Manitobas zweitgrößter Stadt, und fuhren direkt in Richtung Süden fast bis zur amerikanischen Grenze nach Boissevain.

Ein über die Straße gespanntes Transparent hieß uns zum „25. Internationalen Schildkröten-Rennen“ willkommen. Wir ließen aber das Wettkampfgelände erst einmal rechter Hand liegen und suchten unsere Unterkunft, die man uns als eine kleine Frühstückspension im viktorianischen Stil beschrieben hatte. Da der Ort nur anderthalbtausend Einwohner hat, fanden wir unser *Bed & Breakfast Blue Jewel Inn* samt original englischem Tea Room schnell.

Erwartet wurden wir von der Besitzerin Roberta Kempthorne, deren würdige Erscheinung perfekt ins Ambiente paßte. Sie drückte sogleich ihre Erwartung aus, daß ich mich bei ihr besonders wohl fühlen müßte. Denn dieses Haus hätte 1890 der erste Fotograf von Boissevain, ein Mr. John Nicholson, gebaut. So richtig beeindruckt waren wir, als wir unser Schlafzimmer erblickten. Man hätte es genausogut ein Museum nennen können. Der Raum war über und über mit Artefakten der Gründerzeit ausgestattet, geblümte Gardinen zierten die Fenster, und ein verschnörkeltes Himmelbett füllte den Raum aus. Alles war puppenstubenmäßig arrangiert. „Ist unser Haus nicht einmalig, oder habt ihr schon Vergleichbares in Kanada gesehen?“ wollte die Besitzerin wissen. Wir verstanden sehr wohl, daß sie auf ihr Haus stolz war, das sie für den Inbegriff englischer Wohnkultur hielt. Insgeheim fragten wir uns aber, weshalb Kanadier oft europäischer als die Europäer sein wollen? Wir hätten lieber in einem grobgezimmerten kanadischen Holzhaus übernachtet. Aber vielleicht ist dieser Wunsch eine europäische Marotte, denn die anderen Gäste, alle US-Amerikaner, gerieten beim Abendessen schier in Verzückung, wenn über die Schlafzimmer gesprochen wurde. Und es wäre natürlich nicht fair, Frau

Kempthornes Mühe und Arbeit geringzuachten. Wer die nachempfundene Romantik vergangener Zeiten liebt, der kommt im *Blue Jewel Inn*, Tel. (204) 534-6258, voll auf seine Kosten.
Nach einer geruhsamen Nacht im weichen Himmelbett fuhren wir am nächsten Morgen 25 Kilometer weiter zur amerikanisch-kanadischen Grenze. Dort wartete eine weitere Attraktion auf uns. Direkt auf der Grenze liegt der 1932 gegründete *Internationale Friedensgarten*, ein 930 Hektar großer Botanischer Garten, der von beiden Staaten gleichzeitig unterhalten wird. Es soll der größte Garten der Welt sein, der speziell dem Frieden gewidmet ist. Hier findet man eine über 5 Meter große Uhr aus Blumen, eine Friedenskapelle und einen 35 Meter hohen Friedensturm, der mit seinen Kanten in die vier Himmelsrichtungen ausgerichtet ist. An diesem Samstagmorgen sahen wir viele Besucher, die sich im Park zu einem Picknick niederließen und den warmen hochsommerlichen Tag sichtlich genossen.
Unmittelbar hinter dem *International Peace Garden* beginnt der 210 Quadratkilometer große *Turtle Mountain Provincial Park*, ein Park der schon wegen seiner geringen Größe ziemlich unbekannt ist. Als wir an einem der größten Seen, dem Adam Lake, standen, bedauern wir sehr, kein Kanu dabeizuhaben. Der Park, der den 49. Breitengrad säumt, muß mit seinen 400 Seen ein traumhaftes Paddelrevier sein. Da ja *Turtle Mountain* übersetzt Schildkrötengebirge heißt, und wir auch gelesen hatten, daß im Park viele Schildkröten beheimatet sind, waren wir gespannt, ob wir wirklich welche sehen würden. Kaum hielten wir Ausschau, kreuzte auch schon eine handtellergroße Schildkröte unseren Weg. Mit unvermuteter Schnelligkeit verschwand sie im Busch, ohne daß ich dazu kam, den Auslöser meiner Kamera zu betätigen. Am Ende eines Trails fanden wir einen kleinen Aussichtsturm, der uns einen weiten Blick über den flachen See erlaubte. Ein Biber, der vor unserer Nase schwamm und mit einem geräuschvollen Schlag seines Schwanzes untertauchte, erweckte kaum unser Interesse.
Gepackt vom fotografischen Jagdfieber wollten wir nun endlich, nach vielen Kanadareisen, eine Schildkröte in freier Wildbahn vor die Linse bekommen. Angestrengt suchten wir mit dem Fernglas das schilfbedeckte Ufer des Sees ab, doch weit und breit sahen wir keinen grau-braunen Panzer schwimmen. Enttäuscht beschlossen wir umzukehren, denn wir waren am Nachmittag zum Start des Schildkröten-Wettrennens in Boissevain verabredet. Auf dem Rückweg hatten wir dann doch noch unsere erste Schildkröten-Begegnung. Diesmal waren wir auf der Hut und packten schnell zu, als sie das Weite suchen wollte. Mit sicherem Griff hielt meine Frau die strampelnde Schildkröte fest und brachte sie in Positur, so daß ich zu meinem langersehnten Schnappschuß kam. (S. a. das Foto auf Bildseite 56!) Kaum hatten wir die Schildkröte auf den Boden gesetzt, war auch sie in Sekundenschnelle im Unterholz verschwunden.
Pünktlich um zwei Uhr trafen wir in Boissevain zum Start des *International Turtle Derby* ein. Unsere Wirtin vom *Blue Jewel Inn* erwartete uns schon aufgeregt: „Ihr seid mit der Radio-Station CJRB verabredet. Ivain Strain, unser

Seiten 54/55:
Die riesigen Freiluft-Gemälde des kleinen Ortes Boissevain, der früher Cherry Creek (Kirschenbach) hieß, sind einmalig in Manitoba. Die auf den folgenden Seiten abgebildete Hauswandmalerei wurde 1992 von Stephen Jackson, einem Maler aus Roseisle, Manitoba, gestaltet. Sie hat den Titel: „Romance of the Railways“ (Eisenbahn-Romantik) und stellt das Eintreffen der ersten Eisenbahn dar, die 1886 den Ort erreichte.

Seite 56:
Ein weltweit einmaliges Ereignis, das Schildkrötenwettrennen von Boissevain. Ein Spektakel, wo die langsamen Schildkröten, die hier in der Umgebung frei leben, die Rennpferde sind.

Seite 57:
Für viele Bundeswehrsoldaten ist der im Südwesten Manitobas gelegene NATO-Schießplatz von „Shilo“ oft die erste Begegnung mit Kanada. Nicht nur daß deutsche Panzer und Mercedes-Jeeps nach Manitoba verfrachtet werden, es wurde sogar hier auf der „Shilo Ranch“ ein komplettes deutsches Feldhospital eingerichtet. Während der Manöverzeit im Sommer ist eine eigene Militärpolizei (Seite 57 unten rechts) für die Belange der Bundeswehrsoldaten zuständig.

E.B.TATCHELL
A
245
C.P.R. 245
THE CANADIAN PACIFIC RAIL
IN 1886 THE NEW TOWN WAS NAMED IN

245
CREEK IN 1885
RAILWAY FINANCIER
A.A.H.Boissevain
Amsterdam c. 1886
C.C. MUSGROVE

CANADIAN TURTLE DERBY
BOISSEVAIN MAN. JULY 15-17
CANADIAN TURTLE DERBY
BOISSEVAIN MAN. JULY 15-17

TOURIST INFORMA
sevain – HOME OF THE CANADIAN TURTLE DERBY

Bw Verw St
in den USA und Canada
Aussenstelle Shilo

GERMAN MILITARY POLICE
Y-314 646

DAHMEN
MILITARY
POLICE
MILITAIRE

Radio-Sprecher, der auch gleichzeitig der Conférencier des Derbys ist, möchte euch interviewen." Wir fragten, wieso uns diese Ehre zuteil werde. „Ihr seid die am weitesten angereisten Zuschauer, ist das nichts?" Das Wettrennen ist schnell erklärt. In der Mitte eines im Radius 7,5 Meter großen Kreises steht ein etwa zweieinhalb Meter hoher Turm. Auf diesem wiederum steht der Rennleiter, der beim Start einen nach unten offenen Korb hochzieht. Die so freigelassenen Schildkröten suchen nun auf dem mit rotem Tuch ausgelegten Kreis das Weite. Alle Schildkröten tragen eine Nummer auf dem Panzer. Der Besitzer jener Schildkröte, die als erste den äußeren Rand des Kreises erreicht, hat gewonnen. Im Gegensatz zu Besitzern der „Renn-Schildkröten" fanden wir das Ereignis wenig spannend. Nach zwei Rennen schlichen wir uns heimlich davon. Wir hatten an Hauswänden im Ort herrliche überlebensgroße Malereien entdeckt, die uns viel mehr interessierten. Insgesamt fanden wir etwa 10 Wandmalereien, die allein schon eine Reise nach Boissevain wert sind. Das schönste Kunstwerk ist auf den Seiten 54/55 abgebildet, ein Künstler aus Roseisle in Manitoba hat es 1992 gemalt. Es soll die Ankunft der ersten Eisenbahn in Boissevain darstellen. Am nächsten Tag statteten wir der sehenswerten *Moncur Gallery*, South Railway Street Nr. 430, einen Besuch ab. Das ist ein kleines prähistorisches Museum, in dem uns Anna Grace Diehl die Hinterlassenschaften der ersten Menschen dieser Region zeigte. Wer auf dem Highway 10 wieder zurück nach Norden fährt, kommt unweigerlich nach Brandon, der zweitwichtigsten Stadt in Manitoba. Der als Weizenstadt bekannte Ort am mäandernden Assiniboine River verdankt seine Existenz zum einen dem Weitblick seines Gründers, General Thomas Rosser, der die Stadt 1881 an der Bahnlinie der *Canadian Pacific Railway* anlegte, und zum anderen dem Weizen und dessen weltweiter Bedeutung als Nahrungsmittel. Die 40 000 Einwohner zählende Stadt ist auch heute noch ein wichtiges landwirtschaftliches Zentrum im westlichen Kanada. Zwei Drittel von Manitobas Ackerland befinden sich in einem Umkreis von 130 Kilometern. Dreimal jährlich besinnt sich Brandon seiner Anfänge und feiert den Beitrag, den die Landwirtschaft zur wirtschaftlichen Entwicklung der Region geleistet hat. Im Oktober findet die *Fall Fair* statt, eine Landwirtschaftsschau mit der größten Zuchttierschau und dem größten Viehmarkt Manitobas. Als größte landwirtschaftliche Frühjahrsausstellung im westlichen Kanada zieht die *Royal Manitoba Winter* im März über 100 000 Besucher an. Dritte im Bunde ist die *Summer Fair* mit den Berufs-Rodeo-Meisterschaften. Trotz einiger industrieller Ansiedlungen, wie der Düngemittelfirma Simplot, die über 200 Arbeitsplätze bietet, gilt Brandon als eine von Kanadas „Top ten"- Städten, wenn es um Lebensqualität geht. Nicht nur, daß hier die Lebenshaltungskosten günstiger sind als anderswo, auch die Freizeit-Angebote sind mit fünf Golfplätzen, fünf Schwimmbädern und acht städtischen Parks überdurchschnittlich. An Wochenenden kommt es des öfteren vor, daß in den Bars und Diskotheken der Stadt Deutsch die vorherrschende Sprache ist. Nämlich dann, wenn deutsche Soldaten hier Zerstreuung suchen. Seit vielen Jahren besteht ein Nato-Abkommen zwischen dem kanadischen Heer und der Bundeswehr, daß der Truppenübungsplatz von Shilo, der nur ca.10 Kilometer von Brandon entfernt liegt, von deutschen Soldaten als Schießplatz genutzt werden kann. Auf der „Shilo Ranch", wie die Soldaten das riesige Übungsgelände nennen, hat die Bundeswehr sich häuslich niedergelassen. Hier gibt es außer einer eigenen Militärpolizei, deutsche Panzer und Mercedes-Jeeps, sogar ein Feldkrankenhaus, besetzt mit wortkargen Stabsärzten. Im Gebäude A-12 der Unterkünfte von Shilo befindet sich ein für den Militärhistoriker sehr interessantes Museum. Über 10 000 Ausstellungsstücke sind hier auf engstem Raum zusammengetragen worden, die die Militärgeschichte von 1796 bis heute repräsentieren. Wie man mir in Brandon glaubhaft bestätigte, sind die deutschen Soldaten gern gesehene Gäste, und auch so mancher deutsch-kanadische Bund fürs Leben wird hier geschlossen.

Direkt an den Truppenübungsplatz im Osten angrenzend, liegt der geschützte *Spruce Woods* Forst und daneben der *Spruce Woods Provincial Park* mit seinen ungewöhnlichen Sandhügeln. Diese Dünen, „Spirit Sands" genannt, sind ein Überbleibsel der letzten Eiszeit, später verwehte ihn der Wind zu Dünen, Wüstenpflanzen begannen zu wachsen und ein neues, für Manitoba ungewöhnliches Ökosystem entwickelte sich. Unter der einmaligen Vielfalt von Pflanzen und Tieren leben einige Arten, die sonst nirgendwo in der Provinz zu finden sind, wie die geschützte Glattechsenart *Northern Prairie Skink* und die Hakennatter *Western Hognose Snake*. Trotz der Sanddünen bedecken die Fichtenwälder der Spruce Woods eine große Fläche. Hier gibt es fünf gut markierte Wanderwege mit Schutzhütten und Trinkwasserreservoirs, denn die sind hier schon erforderlich, wenn man im Sommer der heißen Sonne und dem Wüstenklima ausgesetzt ist. Leider hatte uns ein kräftiger Regenguß den Marsch durch die Dünen vermasselt und wir verbrachten einen ganzen Nachmittag in einer Schutzhütte unterhalb der Dünen. Wir bedauerten sehr, daß die Tourismusbehörde uns viel zu wenig Zeit für den Besuch in diesem herrlichen Park eingeplant hatte.

Doch unser nächstes Ziel, der Riding Mountain National Park, sollte uns wieder mit Karen Kingslands Reiseplan versöhnen. Auf der Rückfahrt nach Winnipeg stoppten wir dann auch noch kurz am Trans-Canada Highway, bei dem Ort Portage La Prairie. Das heißt, der Highway ging früher mitten durch den Ort, heute wird er großzügig, wie in Kanada üblich, als Bypass um die über 10 000 Einwohner zählende Gemeinde herumgeführt. Dieser wohlklingende Ortsname geht auf den französischen Erforscher La Vérendrye zurück, der vor mehr als 250 Jahren hier einen Rastplatz, auf dem Weg vom Assiniboine River zum Lake Manitoba, errichtet hatte. Das Umland ist das ergiebigste Weizenland der Provinz und hier gibt es die größten Stachelbeerfelder. Aus diesem Grund gibt es auch jedes Jahr in der ersten Juliwoche ein großes und vergnügliches Stachelbeer-Festival, wo die Hauptstraße für den Verkehr geschlossen wird.

Seite 60:
Der Katherine Lake, einer der schönsten Seen im Riding Mountain National Park, liegt im Reservat der Cree-Indianer. An dem Ufer wurde im letzten Jahr von den Indianern ein traditionelles Dorf errichtet, in dem auch Weiße für eine Zeit in Originalzelten wohnen können.

Seite 61:
Eine der schönsten Wildblumenarten von Kanada ist der „Indian Red Paint Brush". Die bis zu über 50 cm hohe Blume aus der Familie der „Castilleja" verteilt sich mit neun verschiedenen Arten über den ganzen nordamerikanischen Kontinent.

Riding Mountain National Park

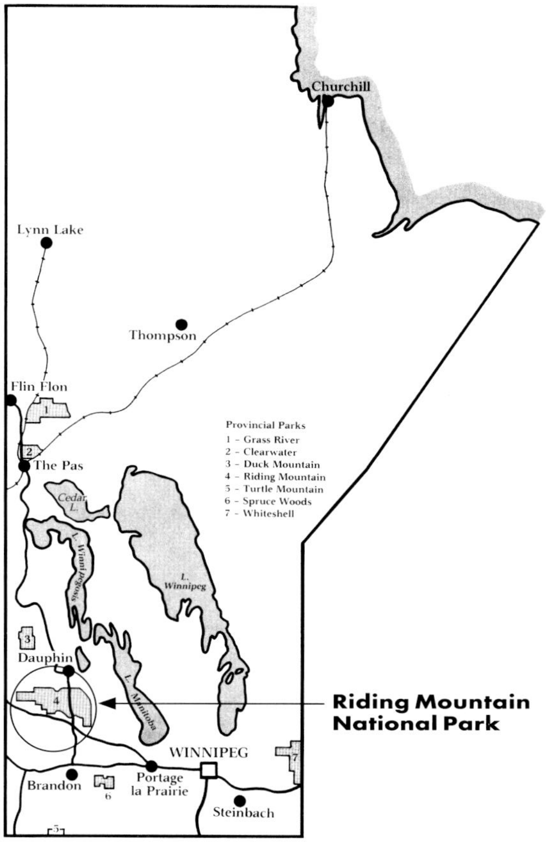

Mit dem nächsten Reiseziel, dem *Riding Mountain National Park*, habe ich einen Wildnispark kennengelernt, der alle meine Erwartungen weit übertraf. Das etwa 250 Kilometer nordwestlich von Winnipeg gelegene Naturschutzgebiet bot mir unzählige Möglichkeiten, Tiere in freier Natur zu fotografieren. Meine Fototouren in diesem 3000 Quadratkilometer großen Wildschutzgebiet übertrafen selbst meine bisher ergiebigsten Fotojagden in den Nationalparks der Rocky Mountains. Seit vielen Jahren versuchte ich in Kanada Bären, Elche und Biber hautnah zu fotografieren, hier bekam ich jetzt diese für Kanada typischen Tiere in freier Wildbahn wie auf dem Tablett serviert. Die folgenden Bildseiten können hoffentlich sichtbar machen, zu welch fotografischer Offenbarung der *Riding Mountain National Park* wurde. Weshalb hier die Bedingungen so ideal sind, ist schnell erklärt: Der Park ist von unendlich großen Weizenfeldern umschlossen, die im Westen bis zur Nachbarprovinz Saskatchewan reichen. Inmitten des kultivierten Landes und der flachen Prärie erhebt sich, wie eine Oase, der über 750 Meter hohe Nationalpark, ein Wildnisgebiet, das erheblich größer ist als das Saarland. Da die Wildtiere aufgrund der Insellage den Park nicht verlassen, gibt es hier die größten Schwarzbären- und Elchpopulationen Kanadas. Nicht nur die Fauna ist in diesem schon 1933 gegründeten Schutzgebiet sehr artenreich vertreten, auch die Flora ist besonders abwechslungsreich. Schließlich treffen sich hier drei Vegetationszonen und bilden Räume für die unterschiedlichsten Biotope, die es in dieser Vielfalt in keinem anderen kanadischen Nationalpark gibt. In den hohen Lagen begünstigen kühle Temperaturen das Wachstum von Schwarzfichte, Bankskiefer, Espe, Haarbirke, Balsamtanne, Grünesche, Ulme und Ahorn. In den niedrigen Höhenlagen entlang einer eiszeitlichen Abbruchkante, *Manitoba Escarpment* genannt, bieten außer hohen Laubbäumen auch Büsche, Sträucher und Farne dem Hochwild Schutz, während sich Biber ihre Dämme in den Auen von Seen und Bächen bauen.

Der Stolz des Parks ist das Büffelgehege am Lake Audy. Um die rund 30köpfige Herde beim Grasen beobachten zu können, sollte man entweder früh morgens oder spät abends durch das 647 Hektar große Gehege fahren. Dann trifft man garantiert auf die Herde oder auf einzeln herumstreifende Büffel. Wenn dann aber ein einsamer Bulle den schmalen Fahrweg blockiert, den Kopf leicht senkt und Angriffshaltung einnimmt, fragt man sich leicht: „Was wird der Autovermieter sagen, wenn der Bison das Auto neu stylt?“ Nach meinen einschlägigen Erfahrungen mit dieser Situation, stellt man am besten den Motor ab, bewahrt Ruhe und wartet, bis sich die brenzlige Lage mit dem Abzug des Bisons von selbst bereinigt. Eine Ausstellung innerhalb des Geländes informiert den Besucher über Geschichte und Lebensweise des Bisons, der ja auch das Wappentier (s. a. Bildseite 1) der Provinz Manitoba ist. Petrijünger, die sich für die äußerst scheue Seeforelle interessieren, lockt das Anglerglück am Clear Lake, in dem auch der besonders wohlschmeckende Walley lebt. Im östlichen Teil des Parks, rund um den Deep Lake, stehen Regenbogenforellen und Bachsaiblinge. Am häufigsten trifft man in den 13 größeren Seen des Parks jedoch den kanadischen Hecht an, der hier bis zu 13 Kilogramm schwer werden kann. Um ihn angeln zu können, muß man eine spezielle Angellizenz für die kanadischen Nationalparks erwerben, hinzu kommt dann die übliche Eintrittsgebühr für den Park, pro Tag und Fahrzeug 5 Dollar. Von Winnipeg aus muß man eine Fahrtzeit von mindestens zweieinhalb Stunden einplanen. Bis Brandon, Kanadas zweitgrößter Stadt, fährt man auf dem *Trans-Canada Highway*, dann geht es weiter auf dem zweispurigen Highway Nr. 10, der den Park von Süden nach Norden durchquert und zum 9000 Einwohner zählenden Ort Dauphin führt, der zehn Kilometer weiter nördlich außerhalb des Parks liegt. Dieser Highway ist auch gleichzeitig eine wichtige Verbindung zu den nördlichen Regionen der Provinz. Hier sollte man es nicht zu eilig haben, denn wer über 80 km/h fährt, muß damit rechnen, im Sommer von den zahlreichen versteckten Radarkontrollen erwischt zu werden. Eine weitere Straßenverbindung, und damit habe ich auch schon fast alle Verkehrswege aufgezeigt, ist der von Osten kommende Highway Nr. 19, eine Schotterstraße, die in Wasagaming, dem Freizeit- und Versorgungszentrum des *Riding Mountain National Park,* endet. Eine kleine, versteckte Schotterstraße gibt es doch noch. Es ist die *Rolling River Road*, die so verborgen liegt, daß ich sie bei meinem ersten Besuch übersah. Die schmale und einsame Straße ist die Verlängerung der Landstraße Nr. 262, die von Süden her auf den Highway 19 trifft. Auf diesem Weg erlebte ich eines meiner ärgsten Mißgeschicke als Fotograf, für das ich mich noch heute ohrfeigen könnte. Es war während unseres ersten Besuches im Park. Wir fuhren gemächlich auf der besagten Schotterstraße, als plötzlich mitten auf dem Weg eine Schwarzbärin mit drei noch sehr kleinen Jungen stand, die voller Übermut um sie herumtollten. Die Bärin muß uns zunächst nicht wahrgenommen haben, denn sie zeigte keine Regung, vor uns zu flüchten. Vielleicht lag das an unserem Mietwagen, einem neuen Pontiac Grand Am, der mit seiner 3-Liter-Maschine nur ein Flüstern von sich gab. Aber wo war meine Kamera? Sie lag unverzeihlich weit weg, auf der hinteren Sitzbank. Die Bärin tat mir natürlich nicht den Gefallen, so lange zu warten, bis ich die Kamera geangelt und in Schußposition gebracht hatte. Sehr schnell hatte sie unsere Witterung aufgenommen und verschwand blitzschnell mit ihren drei kleinen Wollknäueln im nahen Busch. Meine Frau, die wie sooft auf unseren Reisen in Kanada am Steuer des Wagens saß, war aufgeregt und enttäuscht zugleich: „Warum hat du sie nicht fotografiert? Auf solch ein tolles Motiv, eine Bärin mit possierlichen Jungen, wartest du doch seit Jahren!“ Als ob ich mich nicht schon genug ärgerte, ich wußte schließlich zu gut, wie schwierig es normalerweise ist, so dicht an eine immer argwöhnische Bärenmutter heranzukommen. Im Verlauf der Tour wurden wir aber durch ein anderes Ereignis entschädigt. Dort, wo die *Rolling River Road* auf den Highway 19 trifft, gibt es einen kleinen See mit einem Parkplatz. Wir machten gerade Pause, als neben uns eine Espe mit lautem Getöse umstürzte. Ich erschrak, denn ich hatte weder Säge noch Axt gehört. Auch meine Frau sprang auf und rief laut: „Hallo! Ist dort jemand?“ Als Antwort hörten wir nur ein schmatzend-nagendes Geräusch

Seite 64:
Schon sehr früh mußten wir aufstehen, denn Dean Sandaluk, der Cowboy, wollte mir zeigen, wie er im Riding Mountain National Park die Elche anlocken kann.

Seite 65:
Das Locken war erfolgreich. Ein junger Elch hat das Rufen von Dean erhört und tritt unmittelbar vor uns aus dem Busch.

Seite 66:
Den sonst so scheuen Biber konnten wir im Riding Mountain National Park aus nächster Nähe fotografieren. (Siehe auch den Textteil auf der Bildseite 66.)

Seite 67:
Dieser Schwarzbär wurde nicht im Zoo fotografiert! In freier Wildbahn konnten wir im Riding Mountain National Park diesem, hier abgebildeten, Meister Petz so nahe kommen.

Seite 68:
Der 3000 qkm große „Riding Mountain“ ist ein Paradies für den Wildbeobachter. Denn es gibt hier flächenmäßig gesehen, die größte Bären- und Elchpopulation Kanadas. Besonders im September, zur Brunftzeit der Elche, kann ich für einmalige und hautnahe Tiererlebnisse garantieren.

Seite 69:
Der Gray Jay (Perisóreus canadénsis) gehört zur Familie der Elstern und ist in ganz Kanada vertreten. Ein Vogel, der wie seine Vettern bei uns, immer auf der Suche nach etwas Besonderen ist und es auch, wenn es nötig ist, zu stehlen. Dadurch ist er meistens sehr leicht vor die Kamera zu bekommen.

Emsige Holzfäller und geniale Dammbaumeister, die Biber des Riding Mountain National Park.

Fast ganz Kanada haben die Biber in Besitz genommen, von der Ostküste zum Pazifischen Ozean und bis hoch zu den nördlichen Regionen des Yukon. Überall sind sie an Flüssen, Bächen und Seen mit ihren großen Schneidezähnen aktiv. Ihr dichtes und weiches Fell wurden ihnen aber zum Verhängnis. Noch vor 100 Jahren jagte man sie gnadenlos. Ihre Scheu vor dem Menschen ist auch heute noch allgegenwärtig. Doch was diese, hier abgebildeten Biber, im Riding Mountain National Park uns boten, war ein einmaliges Erlebnis. Ohne jegliche Scheu, als hätten sie noch nie einen Menschen gesehen, ließen sich die Nagetiere aus nächster Nähe beobachten und fotografieren. Ein typisches Beispiel für diesen Wildnispark Manitobas, denn hier lebt die Tierwelt noch ungestört von touristischen Einflüssen, die in vielen anderen Landesteilen Kanadas zu spüren sind.

im Unterholz. Da schauten wir uns erleichtert an und lachten aus vollem Hals. Hier war offenbar ein Biber am Werk. Aus vielen Begegnungen mit Bibern wußten wir, daß sie in freier Wildbahn sehr scheu sind. Wer einen Biber aus nächster Nähe fotografieren will, braucht viel Zeit und Geschick. Deshalb beruhigten wir uns schnell wieder. Um an den Biber näher heranzukommen, versuchten wir ihn von zwei Seiten einzukreisen. Als sich meine Frau mit ihrer Kamera etwa 30 Meter von mir entfernt hatte, signalisierte sie mir, daß sie das Tier vor der Linse hatte. Langsam bewegte ich mich in ihre Richtung, doch kaum hatte ich einen Schritt getan, raschelte es unmittelbar vor mir im Unterholz, und ein weiterer Biber stand nur einen Meter entfernt vor mir. Ich wagte nicht mehr, mich zu bewegen und wir blickten einander an. Seine dunklen Augen waren fest auf mich gerichtet, auch er verharrte regungslos. Unendlich langsam hob ich die Kamera mit dem Blitzgerät an das Auge und löste aus. In Erwartung, daß das Tier fluchtartig das Weite suchen würde. Doch dieser Biber setzte zu meiner Verwunderung sein kurzzeitig unterbrochenes Vorhaben fort, einen Ast zum nahe liegenden Ufer des Sees zu schleppen. Selbst von dem lauten Auslösegeräusch meiner Kamera ließ sich das emsige Tier nicht stören. Ich fotografierte den Biber mit seinem Ast im Maul, bis der Film zu Ende ging. Dann kam auch meine Frau überglücklich zu mir: „Ich habe phantastisch hautnahe Biberfotos.“ „Ich aber auch“, sagte ich und deutete auf den Biber, der sich gerade vor uns in den See gleiten ließ. Damit, glaubten wir, sei unsere Glückssträhne zu Ende. Doch weit gefehlt, an diesem Tag ließen uns diese Nagetiere Serien von Fotos schießen. Unser stilles Fotoglück endete erst, als eine Familie am Straßenrand anhielt und neugierig unser Treiben am See beobachtete. Mit Geschwätz und Getrampel kam sie zu uns, um enttäuscht festzustellen, daß wir ja „nur“ Biber fotografierten. Nicht nur uns, auch den Bibern wurde diese Menschenansammlung zu viel und sie zogen sich in ihre Burg zurück, bis sie wieder mit uns allein waren. Wir blieben noch den ganzen Nachmittag bei der fleißigen Biberfamilie am See. Die Nacht verbrachten wir in Wasagaming am Clear Lake, dem größten und mit 34 Metern tiefsten See des Parks. Man hatte uns in *McTavish's Motel*, Tel. (204) 848-7366, untergebracht, einer sehr empfehlenswerten Übernachtungsmöglichkeit mit 16 Zimmern. Die Besitzerin und ihre Tochter empfingen uns herzlich und kümmerten sich aufmerksam um unser Wohlergehen. Hier gibt es die beste Eiscreme weit und breit. Im Whirlpool diskutierten wir noch einmal unser bemerkenswertes Bibererlebnis. Als wir uns später mit einem Wildbiologen über unsere Begegnung mit den Bibern unterhielten, klärte er uns auf, daß es um diese Jahreszeit nicht so ungewöhnlich sei, Biber so nahe zu erleben. Die Biber wüßten sehr genau, ob der kommende Winter hart werde. Dann interessiere sie nur eines: die Vorratskammer mit Zweigen und Ästen zu füllen. Der September sei die beste Zeit, die fast 3500 Biber des Parks zu beobachten. In dieser Zeit müsse auch die kanadischen Redensart entstanden sein, jemand sei „so emsig wie ein Biber“. Was die Biberaktivitäten vermuten ließen, traf dann in Manitoba exakt ein. Die Temperaturen pendelten sich im Winter monatelang bei minus 30 Grad Celsius ein. Der Vollständigkeit halber möchte ich noch die luxuriöseste Herberge des Parks vorstellen: Das *Elkhorn Resort and Conference Centre* am *Mooswa Drive West* liegt etwas außerhalb von Wasagaming, aber unmittelbar am Highway 10. Hier kann man außer in 23 kleinen Chalets auch in 62 modernen Zimmern übernachten. Auch wenn man hier nicht übernachtet, ist das Restaurant mit seiner ausgewählten Speisekarte nur zu empfehlen. Etwas preiswerter verbringt man die Nacht auf einem der neun Campingplätze. Mit 500 Stellplätzen ist der *Wasagaming Campground* der größte, er bietet bei Gebühren ab 8 Dollar einen besonders umfangreichen Service, wie er bei staatlichen Campingplätzen nicht alltäglich ist. Unter der in Kanada und USA gebührenfreien Rufnummer 1-800-707-8480 kann man sich einen Platz reservieren lassen.

Wer einen der rund 6000 Elche des Parks in freier Wildbahn erleben möchte, der muß Ende September in dieser Region Station machen. Dann haben zwar viele Restaurants und Hotels schon geschlossen, und der Fahrradverleih an der Tempo-Tankstelle hat auch schon seine Mountainbikes eingepackt, doch für uns war es immer wieder eine einzigartige Erfahrung, einem Elchbullen Auge in Auge gegenüberzustehen. Dieses Erlebnis kann ich jedem Besucher im September garantieren. Man braucht nur bei Tagesanbruch den Highway 10 im Schritttempo entlangzufahren. Die Bullen stehen hier mit ihren Elchkühen unmittelbar am Straßenrand. Gefährlich wird es nur, wenn man die Bullen leichtsinnig provoziert, wie ich es tat. Um Tiere in Kanada zu fotografieren, benutze ich oft ein für gewisse Tierarten typisches Lockmittel, meistens Pfeifen. So habe ich auch immer meine *Moose-Call* dabei, ein trichterförmiges Kunststoffrohr mit Mundstück, das einen charakteristischen Elchruf erzeugt. Als nun ein Elch unseren Weg kreuzte, benutzte ich meine Tröte, mit der ich allerdings bisher noch nie einen Elch anlocken konnte, und schickte einen röhrenden Laut zu dem mächtigen Bullen. Das gewaltige Tier, das von drei Kühen flankiert wurde, wendete den Kopf in meine Richtung und kam mit tiefen Brummtönen im Imponiergang näher. Sein mächtiges Geweih wiegte er dabei hin und her und blieb erst unmittelbar vor unserem Auto stehen. Gab noch einen letzten tiefen Brummton von sich, um dann wieder schnell zu seinen Kühen zurückzukehren. Selbst Dennis Maksymetz, der uns auf dieser Tour begleitete und jedes Jahr auf Elchjagd geht, war diese Begegnung nicht ganz geheuer. Einen derart gereizten Elchbullen hatte auch er noch nie erlebt. In meinem Bild-Text-Band *KANADA – Yukon* habe ich die Bedeutung des Begriffs *moose* schon einmal erläutert, aber hier nochmals die Erklärung: Der Elch wird im Englischen *moose* genannt, (ausgesprochen: muus) und der *elk*, das ist ganz einfach der Hirsch. Eine weitere gute Möglichkeit, Elche zu beobachten, ist die *Lake Audy Road*, die Verbindungsstraße zum Büffelgehege. Hier sahen wir an einem Morgen über 15 Elche, einige Adler und zwei Schwarzbären. Apropos Bären, die sind ebenfalls im Park sehr zahlreich vertreten, doch um sie am besten beobachten zu können, müssen wir uns an den südlichen Rand des Schutzgebietes begeben.

Seite 72:
Mit dem Veranstalter „High Mountain Outfitters“ waren wir sieben Tage lang mit Westernreitpferden im Riding Mountain National Park unterwegs. Das schönste und wildeste Pferd hatte Dean, unser Cowboy aus Kelwood, einem Ort am Rande des Nationalparks.

Seite 73:
Dankbar streichele ich mein Reitpferd, das mich auf meinem Trailritt durch den Busch niemals abwarf. Das Foto zeigt den Rastplatz Breezy Hill im Riding Mountain National Park, der vor einigen Jahren einem Buschfeuer zum Opfer fiel.

Genauer gesagt, wir sollten meinem Freund Jim Irwin einen Besuch abstatten. Er und seine Frau Candy sind die Besitzer der *Riding Mountain Guest Ranch*, einer 112 Hektar großen Gästeranch, die an einem kleinen, verträumten See liegt. Das vor kurzem gebaute Ranchhaus besitzt mit seinem Kolonialstil zwar nicht ganz die kanadische Blockhausatmosphäre, die viele Besucher schätzen, aber dafür verbreiten die Besitzer und ihre Mitarbeiter den berühmten „Friendly-Manitoba-Charme" in besonders reichem Maße. Uns gefiel es hier so gut, daß wir des öfteren bei Jim ohne Voranmeldung hereingeschneit kamen, und jedesmal wurden wir herzlich empfangen. Besonders Jim, der so knapp die 50 überschritten haben muß und sein dünnes Haar zu einem Pferdeschwanz gebunden hat, ließ mich wiederholt fühlen, daß wir Freunde geworden sind. Das dreieinhalbstöckige Haupthaus verfügt über vier Gästezimmer, und in einem Gemeinschaftsschlafraum können nochmals 12 Personen untergebracht werden. Willkommen sind also nicht nur Gruppen, auch Einzelreisende nimmt man gern auf. Seine kanadische Küche ist ebenso bekannt wie die Grillabende am Lagerfeuer auf „Cowboy-Art". Vielleicht hat er deshalb so viele Deutsche als Gäste, die meisten kommen aber nicht als Urlauber hierher, die größere Zahl sind Bundeswehrsoldaten vom Schießplatz Shilo, die am freien Wochenende kanadische Cowboy-Romantik auf dem Pferderücken erleben möchten. Pferde sind auch die große Leidenschaft von Jim, der übrigens ein phantastischer Keyboard-Spieler ist und auch selbst Musikstücke komponiert. Wenn Sie einmal dort zu Gast sein sollten, achten sie auf die Hintergrundmusik im Gebäude, das ist seine Musik. Sollte ihnen diese Musik gefallen, sagen sie es ihm, vielleicht überläßt er ihnen eine Kassette. Den meisten Spaß hatten wir beim Auftrieb seiner Reitpferde. Hierzu benutzte er seinen uralten, klapprigen Toyota-Jeep, ließ die röhrende Hupe ertönen und schon liefen die Pferde zum Stall. Mit seinem Lieblingspferd habe ich ihn übrigens auf der Seite 77 abgebildet. Doch das Größte hat der gewiefte Jim im letzten Herbst entwickelt, ich möchte sogar behaupten, daß es einmalig in Kanada ist: Schwarzbärenbeobachtung vom sicheren Schulbus aus. Daß man Eisbären von einem umgebauten Schulbus aus fotografieren kann, war mir nicht neu (s. a. Kapitel 12), doch was Jim hier seinen Gästen anbietet, ist schon eine besondere Attraktion. Vielleicht angeregt durch die Eisbärenbeobachtung bei dem Ort Churchill, hat er in Zusammenarbeit mit dem Bärenfotografen Dan Guravich, der einer der besten Nordamerikas ist, eine neue Art des „Wildlife Viewing" entwickelt. Das Ganze spielt sich nur wenige Minuten von seiner Ranch entfernt ab. Am Rande eines kleinen Espenwaldes steht ein knallgelber Bus, dessen Fenster mit schwarzen Tüchern verhangen sind. Mit einem anderen Fahrzeug befördert er seine Gäste, entweder früh am Morgen oder spät abends, zu dem Bus. Ohne viel Geräusch zu machen, muß man in den Bus umsteigen. Danach wird im Bus nur noch geflüstert, und man wartet darauf, daß sich die Bären, die hier zahlreich leben, blicken lassen. Aber warum sollen die Schwarzbären ausgerechnet an diesem Bus vorbeikommen?

Das ist schnell erklärt: Jim lockt sie an. Er füttert die Bären mit einer Mischung aus Haferflocken und Fett. Als wir dort waren, brauchten wir nicht lange auf die Bären zu warten. Schon nach 15 Minuten kam der erste Bär, der sich nur wenige Meter vor uns die Leckereien abholte. Es folgten weitere Bären, die sich gegenseitig das Futter streitig machten. Einen ganz besonderen Service hatte sich Jim für mich ausgedacht, als er einen Teil der klebrigen Paste in etwa zwei Meter Höhe an einen Baum geschmiert hatte. So kam ich sogar zu Fotos, die einen Bären zeigen, der an einem Baum emporklettert. Zugegeben, ich hätte viel lieber einen Bären in „freier Wildbahn“ fotografiert, aber welcher Tierfotograf würde bei dieser Gelegenheit seine fotografischen Skrupel nicht hintenanstellen? Zum Glück war auch meine Frau dabei, so daß wir mit mehreren Kameras zugleich unsere Fotos schießen konnten. Am Ende, als die Bären langsam satt wurden, hatten wir über 700 Bärenfotos im Kasten. Als ich Jim darauf ansprach, daß seine Fütterung nicht sonderlich artgerecht wäre, versicherte er: „Diese Aktion ist mit der Parkverwaltung abgesprochen, und auch die Auswahl des Futters entspricht den Vorstellungen der Wildbiologen.“ Wer also noch nie in Kanada die Chance zu einem Bärenportrait bekommen hat, der sollte sich unbedingt mit Jim Irwin in Verbindung setzen. Hier ist seine Anschrift: *Riding Mountain Guest Ranch*, Lake Audy, Manitoba, Canada R0J 0Z0, Tel. (204) 848-2265.

Im letzten Jahr haben sich die dort ansässigen Indianer auf ihre traditionelle Lebensweise besonnen und sich etwas Besonderes einfallen lassen. In einem Camp, das neun Kilometer vom Ferienort Wasagaming entfernt liegt, wollen sie ihre Kultur interessierten Besuchern näherbringen. Einen ehemaligen Campingplatz am Lake Katherine haben die Indianer vom Stamme der Ojibway in Zusammenarbeit mit der Nationalparkverwaltung in ein indianisches Dorf mit über 30 Zelten verwandelt. Die Anwohner waren von diesem Projekt zunächst nicht sehr begeistert, man behauptete, die Indianer hätten sich den Campingplatz widerrechtlich angeeignet. Aber schließlich mußte man den Indianern zugestehen, daß durchaus alles nach Recht und Gesetz abgelaufen war, und letztendlich kann ja auch der Parktourismus von dem *Anishinabe Cultural Village* profitieren. Für den interessierten Besucher, der einmal im echten „tee-pee“, einem Indianerzelt, wohnen möchte, hier die Telefonnummer: (204) 947-3147. Erwähnenswert ist auch der 18-Loch-Golfplatz Wasagaming Course, der als einer der schönsten in Kanada gilt. Seine 18 Spielbahnen haben eine Gesamtlänge von 5548 Metern (Par 72). Von den „Fairways“ aus bietet sich ein großartiger Ausblick auf den malerischen, quellgespeisten Clear Lake. Doch man darf sich nicht zu sehr von der Schönheit der Natur ablenken lassen, denn die zahlreichen Bunker können die Schlagzahl schnell erhöhen. Manitoba erlebt zur Zeit einen wahren Golf-Boom, es wird behauptet, ein Golfer könnte den ganzen Sommer lang von Platz zu Platz wechseln, ohne zweimal denselben Parcours zu betreten. Allein die Provinzhauptstadt Winnipeg verfügt über 20 Golfplätze, wovon sechs öffentliche Plätze direkt im Stadtzentrum liegen.

Seite 76:
Jim Irwin, der Besitzer der „Riding Mountain Guest Ranch“, verkörpert im besonderen Maße den Wahlspruch „Friendly Manitoba“.

Seite 77:
Wie sehr Sandra, ein junges Cowgirl aus Manitoba, ihr Pferde liebt, zeigt dieser Schnappschuß, der während unseres Trailrittes entstand.

Unterwegs mit Cowboys

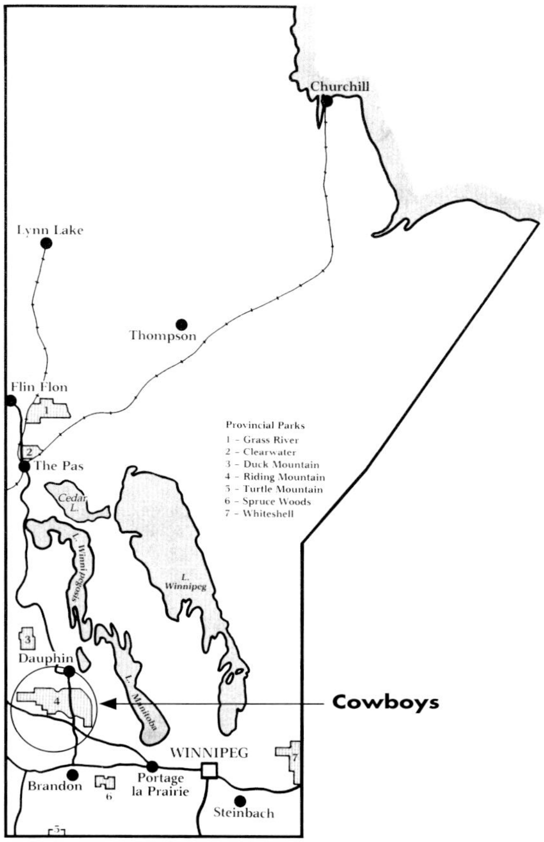

Ich hatte schon lange einen heimlichen Wunsch, den ich mir aus Zeitgründen bisher nicht erfüllen konnte. Einen Wunsch, der in Kanada weder ungewöhnlich noch unerfüllbar ist: sich auf dem Rücken eines Pferdes als Cowboy zu fühlen und durch die Einsamkeit der kanadischen Wildnis zu reiten.

Als ich mit Dennis Maksymetz über die Themen meines geplanten Manitoba-Buches diskutierte und wir überlegten, was Besucher aus Europa besonders interessiert, erwähnte ich beiläufig, daß ich sehr gern einmal wenigstens eine Woche lang auf dem Rücken eines Pferdes unterwegs sein möchte. Dennis schien darauf gewartet zu haben: „Kein Problem, ich kenne einen Cowboy, bei dem bist du sehr gut aufgehoben, mit dem könntest du wochenlang durch den Busch reiten." Am liebsten wäre ich sofort in den Sattel gestiegen, aber ich wollte nicht den Eindruck erwecken, ich wäre nur zum Reiten in die Provinz Manitoba gekommen. So beschränkte ich mich auf die Antwort, daß ich einen Trailritt durch den Busch von Manitoba sehr gern fotografieren und beschreiben würde.

Und schon waren wir wenige Tage später unterwegs zu Dean, dem Cowboy, der am Rande des *Riding Mountain National Park* bei dem Ort Kelwood eine kleine Pferderanch betreibt. Als wir dort eintrafen, arbeiteten Zimmerleute an einem halbfertigen Holzhaus. Neben dem Rohbau standen ein Dutzend Pferde, die auf einer eingezäunten Koppel friedlich grasten. Zwischen ihnen versuchte ein hochgewachsener Mann, mit dem Lasso eines der Pferde einzufangen. Er trug ein modisches *Garth-Brooks*-Hemd, ein längsgestreiftes Cowboyhemd, und sein Kopf war von einem großen, ausladenden Cowboyhut bedeckt. Kaum hatte er uns bemerkt, ließ er das eingefangene Pferd wieder los und kam auf uns zu. „Hallo, ich bin Dean, und ihr müßt die ‚Krauts' (Spottname der Deutschen in Kanada) sein, die mir Dennis angekündigt hat. Ich suche gerade ein paar ruhige Pferde für euch aus." Anscheinend waren das schon zu viele Sätze, denn er unterbrach seine Begrüßung und stopfte sich eine große Portion Kautabak zwischen die Zähne. Erst nachdem er den überschüssigen Tabaksaft wieder ausgespien hatte, setzte er seine Begrüßung fort und stellte uns seine Cowboys vor, mit denen wir eine Woche lang durch den Busch reiten wollten.

Insgesamt waren wir sieben Reiter, mit den dazugehörigen Pferden und noch einmal vier Packpferde, die zum Tragen der Feldküche und der Zeltausrüstung gebraucht wurden. Die Cowboys hatten mir einen braun-weißen Hengst zugedacht, der sich als ein sehr kluges und folgsames Tier erwies. Er reagierte auf jeden leichten Schenkeldruck und stoppte sofort, wie es gut erzogene Westernreitpferde tun, wenn die Zügel losgelassen werden. Dean zeigte mir anhand einer Karte des *Riding Mountain National Park*, über welche Strecken seine Packtrips führen. Sein besonderer Stolz ist, daß er als einziger Outfitter im Schutzgebiet Hütten errichten durfte, die er als Küchenhäuser oder als Unterstände nutzen kann. Zunächst würden wir in den Süden des Parks reiten und am Muskrat Lake in Zelten übernachten. In den folgenden Tagen zum Breezy Hill kommen, einem Gebiet, das 1980 von einem Waldbrand heimgesucht wurde. Dort würden wir

zwei Tage bleiben, um dann die letzten Tage im Norden des Parks, im Basis-Camp *Lone Coyote*, zu verbringen.
Die Führung übernahm Dean, der einen gescheckten, feurigen Hengst ritt, ihm folgten wir anderen Reiter in bunter Reihe, die Packpferde bildeten den Schluß. Unser Tempo war sehr gemächlich, man hätte fast nebenherlaufen können. Der schmale Trail ging durch dichtes Unterholz und in den ersten Stunden stetig bergan.
Da wir am ersten Tag sehr spät losgeritten waren, legten wir nur rund 15 Kilometer zurück. Zufrieden stellte ich fest, daß mein verlängertes Rückgrat überhaupt nicht weh tat, doch dafür schmerzten meine Knie ein wenig, vermutlich durch die bei Anfängern verkrampfte Haltung. Deshalb war ich froh, daß Dean und Mike, ein Cowboy, den Aufbau des Zweimann-Zeltes, das meiner Frau und mir zugedacht war, übernahmen. Sandra, Mikes Schwester, eine passionierte Reiterin, kümmerte sich um die Versorgung der Pferde. Wie liebevoll ihr Verhältnis zu Pferden ist, habe ich auf der Bildseite 77 dargestellt.
Die anderen Cowboys bauten sehr rasch ein großes Mannschaftszelt auf, und dann gingen wir gemeinsam daran, unser Campfeuer zu entzünden, auf dem saftige Steaks gegrillt wurden. Nach dem Abendessen gab es noch „Ranch-Kaffee", so nannte Dean jene schwarz-braune Flüssigkeit, deren Zubereitung ich beschreiben muß. In eine mit heißem Wasser gefüllte Kaffeekanne gab er einige Eßlöffel Kaffeemehl, erhitzte diese Mixtur, um dann die Kanne am oberen Bügel mit dem ausgestreckten Arm in großen Kreisen durch die Luft zu schleudern. Nachdem sich nach seiner Meinung genügend Kaffeesatz auf dem Boden der Kanne absetzen konnte, wurde er serviert. Meinen Geschmack traf dieses Getränk nicht, auch wenn der Bodensatz in meiner Tasse keinen Zweifel daran ließ, daß es sich durchaus um Kaffee handeln mußte. Ich war sehr froh, daß die Cowboys für alle Fälle reichlich kanadisches Bier zum Nachspülen dabei hatten.
In den nächsten Tagen legten wir Wegstrecken zurück, die selten 30 Kilometer überschritten.
Auch als ungeübter Reiter konnte ich die Tagesetappen gut überstehen und freute mich allabendlich auf das Campfeuer, an dem die Cowboys ihre Erlebnisse mit Touristen zum besten gaben. Obwohl es erst Mitte August war, hatten wir jeden Morgen Rauhreif auf den Zelten. So fand wenigstens morgens Deans „Ranch-Kaffee" dankbare Abnehmer.
Kaum fühlten wir uns wie richtige Cowboys, war die schöne Zeit auch schon wieder vorbei. Als uns der letzte Pfad zum Rand des Nationalparks führte, verabschiedeten wir uns wehmütig von den Pferden und den Cowboys, der Trailritt hätte mindestens eine Woche länger dauern können.
Doch wir hatten Termine im Norden von Manitoba, wo neue Abenteuer auf uns warten sollten. Für alle Pferdenarren und Freizeit-Cowboys ist hier die Anschrift unseres Gastgebers: High Mountain Outfitters, Dean Sandulak, Box 125, Kelwood, Manitoba, R0J 0Y0, Tel. (204) 967-2077.

Seite 81:
Eine über 1600 Kilometer lange Bahnstrecke verbindet Churchill, die nördlichste Siedlung von Manitoba, mit der Provinzhauptstadt Winnipeg. Hier läuft gerade der Zug von „Via Rail", der staatlichen Eisenbahngesellschaft, in den Bahnhof von Churchill ein.

Mit dem Zug zur Hudson Bay

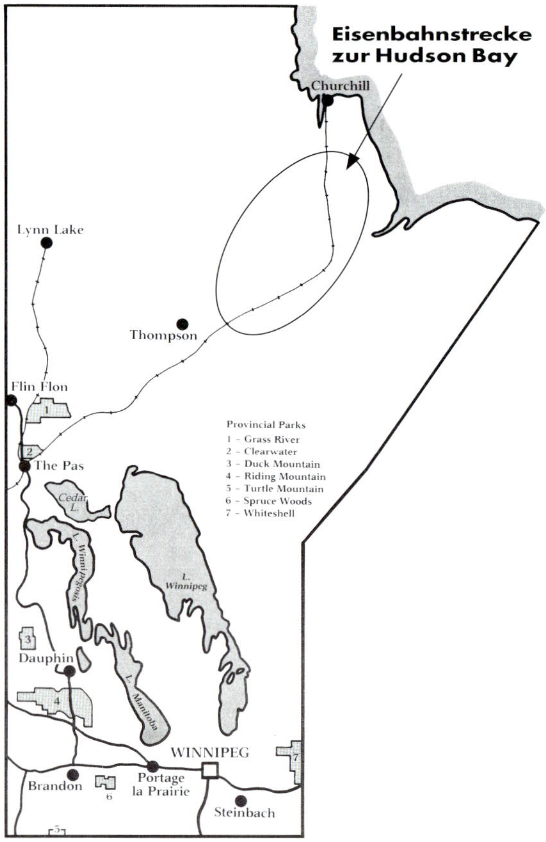

Wer in den hohen Norden Manitobas reisen möchte, muß sich rechtzeitig überlegen, welches Transportmittel er benutzen möchte. Mit dem Auto kommt man nämlich nicht sehr weit. Wie sooft in den nördlichen Regionen Kanadas, enden auch hier die Straßen schon bald im Nirgendwo, und man steht vor dem undurchdringlichen Busch. Um Churchill, die nördlichste Siedlung in Manitoba, zu erreichen, gibt es nur zwei Möglichkeiten: Zum einen den Jet der Fluggesellschaft *Calm Air*, der täglich die Verbindung zwischen Winnipeg und Churchill aufrechterhält, und da ist noch die Eisenbahn, das weitaus interessantere Beförderungsmittel. Man wird sich diese Zugfahrt, die besonders im letzten nördlichen Teilstück durch baumlose Tundralandschaft führt, als eine langweilige und einsame Reise zur „Hauptstadt der Eisbären" vorstellen. Im letzten Sommer bot man uns glücklicherweise die Zugfahrt als Alternative an, und wir sagten sofort zu, denn ich kann diese Fahrt als eine abwechslungsreiche Reise empfehlen.

Der Vollständigkeit halber müßte ich die Reiseroute ab Winnipeg beschreiben, dort beginnt schließlich die 1600 Kilometer lange Eisenbahnstrecke. Doch die ersten 1000 Kilometer sind nach meiner Erfahrung nur ausgesprochenen Eisenbahnfans zu empfehlen, denn die Strecke führt zum größten Teil durch landwirtschaftlich genutzte, touristisch weniger interessante Regionen. Deshalb stiegen wir erst in Thompson zu, dem größten Ort im Norden Manitobas. Hier beginnen erst die endlosen Wälder, in denen nur ein paar verstreute Indianeransiedlungen liegen. Dieses letzte, 600 Kilometer lange, Teilstück bis zur Hudson Bay wurde 1929

6301
DRAFT GEAR INSPECTED
APPAREIL DE TRACTION
VERIFIÉ

Seiten 84/85:
Die höchsten mit dem Auto zugänglichen Wasserfälle von Manitoba sind die spektakulären „Pisew Falls". Ein schmaler, kurzer Fußweg führt vom Highway durch dichtes, grünes Laubwerk zu einem Aussichtspunkt, von dem ich den spektakulären Wasserfall mit meiner 6 x 12 cm WIDELUX Panoramakamera fotografierte.

Seite 86:
Kein Anglerlatein – nur wenige Minuten brauchte meine Frau, um diesen großen Wels (Channel Catfish) an den Haken zu bekommen. Hilfe brauchte sie nur von Stu McKay, als der Fisch aus den braunen Fluten des Red River an Bord gezogen werden mußte.

Seite 87:
Ein leidenschaftlicher Angler ist mein Freund Dennis, genannt Max, der weit oben im Norden bei der Silsby Lake Lodge, diesen kapitalen Kanadahecht geangelt hat.

von 3000 Arbeitern fertiggestellt, die nicht nur Millionen Moskitos abwehren mußten, ihre Werkzeuge zerbrachen auch am harten Granitgestein des kanadischen Schildes oder versanken in den unzähligen Sümpfen und Tümpeln.
Unser Zug hatte die Nummer 693 und sollte um 19.20 Uhr den kleinen Bahnhof von Thompson verlassen. Als wir trotz dieser relativ späten Abfahrtszeit noch lange Tageslicht hatten, wurde uns erst richtig klar, wie weit im Norden der Ort liegt. Am Zug angekommen, suchten wir unser Abteil. So weit das Auge reichte, sahen wir nur Güterwagen, die teilweise mit kompletten Lastzügen beladen waren. Schließlich fanden wir in der Mitte des Zuges ein paar Personenwagen, vor denen ein junger, freundlicher Schaffner stand. Nach einer kurzen Überprüfung unserer Fahrkarten, die wir in Winnipeg beim *Via Rail Ticket Office*, 123 Main Street, für 226 Dollar erstanden hatten, geleitete er uns zum Abteil. Doch die Bezeichnung Abteil war eine glatte Untertreibung, es war eher eine Suite, ausgestattet mit zwei Betten, einem Waschraum, eigener Toilette und großem Ventilator. Wir kamen uns wie in einem exklusiven Hotel vor. Die Sitze waren die Krönung unserer „Suite", es waren bequeme Sessel, die in jeder Hotelhalle stehen könnten. Unsere Freude über die komfortablen Sitzmöbel litt allerdings, als wir bemerkten, daß sie völlig ungesichert, ohne Verankerung, im Raum standen. Jeder Sicherheitsingenieur in Deutschland hätte sich garantiert die Haare gerauft.
Die meisten Passagiere, die nach und nach einstiegen, waren Indianer. Als wir mit einer halben Stunde Verspätung endlich losfuhren, waren die wenigen Personenwagen gut besetzt. Unser Zugbegleiter erzählte mir, daß mit vielen Fahrtunterbrechungen zu rechnen sei. Schließlich führen wir an beinahe 30 Indianersiedlungen vorbei und hielten bei Bedarf dort an. Dadurch verzögere sich die Ankunftszeit in Churchill manchmal um bis zu zwei Stunden. Den ersten Halt legten wir schon nach 20 Minuten ein, bei der Siedlung Sipiwesk. Die Indianer, die hier ausstiegen, wurden von einer Menschentraube empfangen. Kein Wunder, sie brachten die Errungenschaften moderner Zivilisation mit, wie Kofferradios, Plastikspielzeug und sogar einen Bootsmotor. Da wir immer tiefer in die Tundralandschaft fuhren, die von Permafrost und Sümpfen geprägt ist, mußte der Zug seine Geschwindigkeit drastisch reduzieren. Der weiche Untergrund brachte den Zug gehörig ins Schwanken, zeitweilig kamen wir uns wie auf einem Schiff vor. Wir rückten unsere Sessel ganz dicht an das Abteilfenster. Stundenlang schauten wir in die Landschaft, die nur auf den ersten Blick eintönig zu sein schien, uns in Wirklichkeit aber immer wieder mit neuen Eindrücken verzauberte. Der Blick aus dem Fenster erinnerte uns an einen Natur- oder Dokumentarfilm im Fernsehen, nur daß man hier die Bildausschnitte selbst auswählen konnte und sie live genoß. Es wurde eine unvergeßliche Reise, die ich jedem empfehlen kann, der Sinn für das gemächliche Zugfahren hat. Wir kamen natürlich mit Verspätung in Churchill an, doch wen stört es schon? Hier am Ende der Welt gehen die Uhren anders. Und an diesem Ende aller Bahnlinien sollten unsere abenteuerlichen Erlebnisse erst richtig beginnen.

Der Norden

Offiziell beginnt der Norden Manitobas am 56. Breitengrad, also rund 30 Kilometer nördlich des Ortes Thompson. Doch für mich, und auch für viele Kanadier, beginnt diese imaginäre Grenze viel weiter im Süden. Dort, wo die stärker besiedelten Regionen allmählich in einsamere Landschaften übergehen. Deshalb beginnt meine Beschreibung des Nordens der Provinz beinahe gleich hinter der Hauptstadt Winnipeg.

Knapp 100 Kilometer nordöstlich von Winnipeg liegt ein Glanzstück der Provinz, der Badestrand des *Grand Beach Provincial Park*. Er säumt ein riesiges binnenländisches Meer, den 350 Kilometer langen Lake Winnipeg, der unter den größten Seen dieser Welt an 13. Stelle rangiert. Schon in den zwanziger Jahren hatte man den weißen Sandstrand mit seinen 18 Meter hohen Dünen als Dorado für Sonnenanbeter und Schwimmer entdeckt. Bald entstanden viele Wochenendhäuser und Ferienbungalows, die noch heute das Bild von Victoria- und Grand Beach prägen. Wer im Hochsommer an das Ende des Highway 59 fährt, erhält einen guten Eindruck, wie die Einheimischen ihren Sommerurlaub gestalten. Am Victoria Beach hatten wir den Eindruck, die Jugend von Manitoba sei zu einer einzigen großen Party versammelt. Vergeblich suchten wir eine Unterkunft. Außer den vielen kleinen Wochenendhäusern, die alle in Privatbesitz waren, fanden wir keine Übernachtungsmöglichkeit. Da wir vor allem den berühmten Sonnenuntergang am Strand fotografieren wollten, war es auch schon etwas spät geworden, und so fuhren wir wieder einige Kilometer zurück nach Traverse Bay. Hier wartete das *Birchwood Hotel* auf uns. Nach einem langen Tag, am Morgen waren wir noch im *Whiteshell Provincial Park*, freuten wir uns auf ein saftiges kanadisches Steak. Doch zu unserer Enttäuschung hatte das Mittelklasse-Hotel schon seine Küche geschlossen, und weit und breit war kein Restaurant zu entdecken, wir gingen also mit knurrendem Magen zu Bett. Den nächsten Tag wollten wir schön gemütlich angehen lassen, so nahmen wir uns zum Aufstehen viel Zeit. Als wir um zehn Uhr in den Frühstücksraum gehen wollten, war er schon wieder verriegelt. So verließen wir noch hungriger und mißmutiger eines der angeblich schönsten Feriengebiete in Manitoba. Die Antwort auf die Frage, ob man hier speziell als Europäer seinen Urlaub verbringen sollte, möchte ich nach diesen Erfahrungen schuldig bleiben.

Ähnlich ist es mit meinem nächsten Reiseziel, dem *Hecla Provincial Park* und dem *Gull Harbour Resort*. Um dorthin zu gelangen, muß man fast 300 Kilometer zurücklegen. Die Fahrtstrecke führt uns wieder zurück in Richtung Winnipeg, dann geht es um die Südspitze des Lake Winnipeg herum und weiter nach Norden, immer entlang am westlichen Ufer des siebtgrößten Sees in Nordamerika. Als ein Teil des *Hecla Provincial Park* ist die Hecla-Insel, die ursprünglich von Isländern besiedelt wurde, durch einen Damm mit dem Festland verbunden und damit leicht zugänglich. Auf der Fahrt zur Insel kommen wir zunächst zu der *Grassy Narrows Marsh*, einem sehenswerten Sumpfgebiet, das im Sommer fast 50 000 Wasservögeln Lebensraum bietet. Von einem Plankenweg und einem Aussichtsturm aus kann

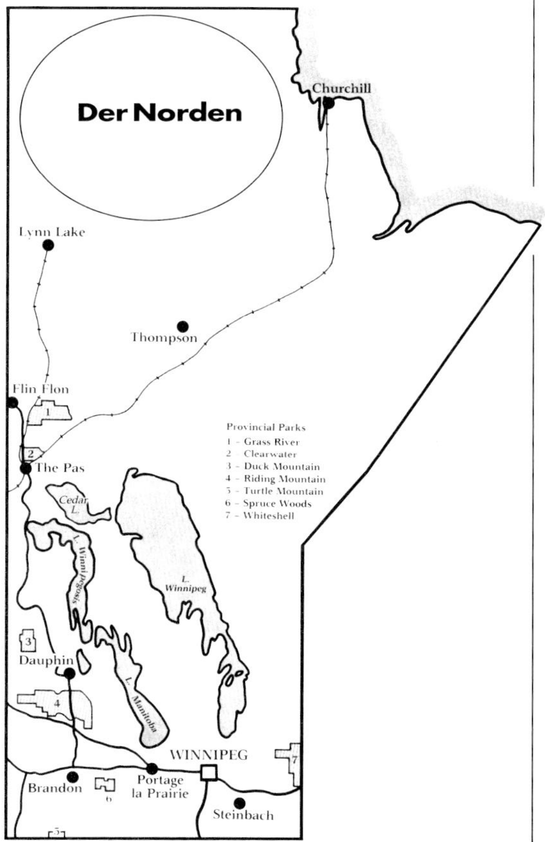

Ictalurus punctatus
(Channel Catfish)

man sogar Elche in der Morgen- und Abenddämmerung beobachten. Das Sumpfgebiet geht in Wälder von Fichten, Pinien und Birken über, in denen Weißwedelhirsche, Pelikane, Bartkäuze, Bisamratten, Rotfüchse, Dachse und selbst einige Schwarzbären und Luchse leben. Danach verändert sich das Landschaftsbild nochmals: die Bäume werden seltener und der Blick wird auf den riesigen Winnipeg-See freigegeben. Fast am Ende der Halbinsel liegt dann das luxuriöse Ferien- und Tagungszentrum *Gull Harbour Resort*. Mit seinen 93 Zimmern ist es, außer einem Campingplatz mit 113 Stellplätzen, die einzige Übernachtungsmöglichkeit auf Hecla Island. Im Winter soll man hier ausgezeichnete Loipen vorfinden, an denen sogar Hütten mit Brennholz bereitstehen. Zum *Hecla Provincial Park* gehört auch eine 20 Kilometer lange Insel, genannt Black Island. Hier waren wir Mitte Juli bei den Ojibwe-Indianern zu Gast, die gerade ihr Blaubeeren-Fest feierten. Da wir wenig Zeit hatten, holte uns Charles Hatzipanayis mit einem Wasserflugzeug ab. Um das spirituelle Fest nicht zu stören, mußte der Pilot schon weit draußen auf dem See landen. Neugierig wurden wir von den Indianern begrüßt, die uns sofort zum Blaubeerpflücken einluden. Leider waren wir viel zu kurz auf dem *Black Island Blueberry Festival*, das auch ein berühmtes Pow wow ist, bei dem sich die Indianer alljährlich zu einem Tanzfest versammeln. Die farbenprächtigsten Tänzer habe ich auf Seite 41 abgebildet. Nun wird es aber Zeit, daß wir in den „wirklichen" Norden fahren. Über Gimli (1800 Einwohner), die größte isländische Ansiedlung außerhalb von Island, 1875 von 235 Einwanderern gegründet, fahren wir über den Highway 6 am Lake Manitoba vorbei in den westlichen Teil der Provinz. Unser Ziel ist Dauphin, das 9000 Einwohner zählende landwirtschaftliche Zentrum nördlich des *Riding Mountain National Park*. Schon sehr früh entdeckte der französische Pelzhändler La Vérendrye diese Region für die Europäer und errichtete 1739 hier eine Handelsstation. Erschlossen wurde das waldreiche Land durch ukrainische Einwanderer, die das Umland in fruchtbares Ackerland verwandelten. Noch heute ist der Einfluß der Ukrainer im Ort mit der prunkvollen *Ukrainian Catholic Church*, einer Zwiebelturmkirche, unübersehbar. Für meinen Freund Dennis war es sehr wichtig, daß wir hier Station machten, denn er ist hier auf einer ukrainischen Farm aufgewachsen. Von Dauphin aus ist es nicht mehr weit zu Manitobas höchstem Berg, dem 831 Meter hohen Baldy Mountain, der im südlichen Teil des *Duck Mountain Provincial Park* liegt. Dort steht neben einem Sendemast, ein hölzerner, 12 Meter hoher Aussichtsturm. Von diesem ehemaligem Feuerwachtturm geht der Blick weit in das Land, bis hinüber zur Nordgrenze des *Riding Mountain National Park*. Leider gibt es im Park kaum gekennzeichnete Wanderwege, und nur zwei Straßen durchziehen das 127 000 Hektar große Schutzgebiet, in dem sich unzählige einsame und unerreichbare Seen verbergen. Am größten See des Parks, dem 8 Kilometer langen Childs Lake, liegt die kleine Blockhausanlage *Childs Lake Lodge*, Tel. (204) 546-2746, von Brian und Joan Forbes. Bei ihnen kann man in unmittelbarer Nähe des Sees in vier Blockhäusern sehr gut und preiswert (ab 30 Dollar pro Nacht und Person) übernachten. Bei ihnen geht man auch mit Pfeil und Bogen auf die Bärenjagd (die High-Tech-Bögen schießen mit hoher Präzision und Durchschlagskraft) oder mit einem Boot, um auf dem See nach Northern Pike (Hechtart), Walleye (Zander), Lake Trout (Seesaibling), Brown Trout (Bachforelle), Brooktrout (Bachsaibling) und Rainbow Trout (Regenbogenforelle) zu angeln. Bei den Petrijüngern gilt Manitoba zu Recht als Angelparadies. Fünfzehn Prozent der Gesamtfläche der Provinz bestehen aus Seen, Flüssen und Bächen. Bis zu 60 Pfund schwere Störe und dreißigpfünde Hechte sind in Manitoba nichts Außergewöhnliches. Dem 1958 geschaffenen *Manitoba Master Angler Program* ist es zu verdanken, daß Meister-Angler für Prachtexemplare eine offizielle Urkunde nebst Abzeichen erhalten. Es wird immer mehr üblich, gefangene Fische wieder in ihr Element zu entlassen, und es dürfen nur noch widerhakenfreie Angelhaken verwendet werden. 1992 wurden 8300 kapitale Fische registriert, von denen drei Viertel wieder freigelassen wurden.

Einer der besten Bärenjäger von Manitoba hat seine Lodge unweit des *Duck Mountain Provincial Park*. Als wir ihn in Cowan, einer kleinen Ansiedlung am Highway 10, besuchen wollten, war er schon mit Jägern aus Deutschland zu einem seiner „Outcamps" unterwegs. So trafen wir nur Lynn, die Frau von Don McCrea, an, die uns mit der berühmten manitobanischen Herzlichkeit in *Trapper Don's Lodge* empfing. Allein das riesige Wohnzimmer des Blockhauses zu sehen, ist eine Übernachtung wert. Vor einem rustikalen Kamin hat er unzählige Trophäen plaziert, die jeden passionierten Jäger vor Neid erblassen lassen. Unmittelbar neben dem Wohnzimmer lag unser Schlafzimmer. Ein aufrecht stehender, ausgestopfter Schwarzbär füllte mit einer Höhe von über 2,50 Meter einen beträchtlichen Teil des Raums. Für meine Frau war es schon ein unbehagliches Gefühl, als wegen eines schweren Gewitters spät in der Nacht der Strom ausfiel und die drohende Silhouette des Bären bei jedem Blitz Schatten auf unser Bett warf. Ein 7-Tage-Jagdpaket auf Bär, Elch oder Reh kostet beim Trapper John, Tel. (204) 569-4833, inklusive aller Transportkosten ab der Lodge, ca. 3500 DM. Hirsche, die hier Elks oder Wapitis heißen, dürfen ausländische Jäger in Manitoba nicht jagen. Der Schwarzbär, der für viele europäische Jäger sehr interessant ist, kostet an Lizenzgebühren 165 Dollar, der Elch und das Rentier kosten 300 Dollar. Für den Abschuß eines Wald- oder Schneehuhnes (Ptarmigan) muß der ausländische Jäger immerhin noch 110 Dollar entrichten, im Gegensatz zum Resident (Einwohner von Manitoba), der nur 14 Dollar bezahlt. (Am preisgünstigsten und am schönsten finde ich immer noch meine Jagdmethode, die Fotojagd.) Im vorletzten Jahr haben 4549 Jäger 973 Elche abgeschossen und 729 Schwarzbären wurden von 1887 Jägern erlegt.

Unsere nächste Tagesetappe auf dem Weg in den Norden war fast 300 Kilometer lang. Die Landschaft wurde immer einsamer, und auch der Straßenverkehr

Seiten 90/91:
In der Nähe von Mike Reimers Seal River Heritage Lodge, die unmittelbar an der Hudson Bay liegt und nur mit dem Flugzeug zu erreichen ist, konnte ich diese kleine Kolonie von Erdhörnchen fotografieren. Wahrscheinlich war ich der erste Mensch, den die „Arctic Ground Squirrel" (Spermophilus parryii) in dieser Einsamkeit zu Gesicht bekamen, denn ich konnte bequem ihre Fluchtdistanz verringern und sie aus nächster Nähe beobachten.

nahm beständig ab. Unser Ziel war der 6000 Einwohner zählende Ort The Pas, der durch sein Trapper-Festival weit über die Grenzen des Nordens hinaus bekannt ist. Dieses Fünf-Tage-Fest der Fallensteller wurde schon 1916 ins Leben gerufen und wird alljährlich Mitte Februar unter großer Beteiligung von Fallenstellern und Jägern durchgeführt, bei dem die Teilnehmer sich sogar im „Bannock"-Wettbacken (Bannock ist das Brot der Wildnis) messen können. Der Name der Stadt, The Pas, ist auf die Bezeichnung *le pas* (der Schritt, der enge Übergang) der französischen Entdecker zurückzuführen, die ihn wiederum von den Cree-Indianern übernommen haben. Die Indianer nannten diese Landschaft am Saskatchewan River „Opasquiak", was übersetzt bedeutet: enge, bewaldete Stelle. Im ältesten Steingebäude, dem einstigen Gerichtsgebäude der Stadt, ist heute das interessante *Sam Waller Museum* untergebracht, das unter anderem eine kleine archäologische Sammlung beheimatet. Als wir hier eintrafen, stand das Museum kurz vor seiner Fertigstellung, und man öffnete extra für uns vorab die Pforten. Mittlerweile werden wohl die Sammlungen vervollständigt und das Museum offiziell eröffnet sein.

Ganz in der Nähe liegt ein weiterer *Provincial Park*, der einen Halt oder vielleicht eine Übernachtung lohnt. Mittelpunkt des 59 Hektar großen Clearwater Lake Provincial Park ist der nur elf Meter tiefe Clearwater See, in dem man, wie sollte es in Manitoba anders sein, ausgezeichnet angeln kann. Übernachtet haben wir bei Rick Hubss in der New Vickery Lodge, Tel. (204) 624-5429, die sich mit ein paar kleinen Blockhütten auf Angler spezialisiert hat, die hier sehr erfolgreich Walleye (Zander) und Northern Pike (Kanadischer Hecht) fangen können.

Die nordwestlichste Stadt in Manitoba war für uns eine große Enttäuschung, dabei hätten wir es uns fast denken können: wenn ein Ort Flin Flon heißt, dann muß er etwas merkwürdig sein. Schon von weitem sahen wir die hohen Schornsteine der Hudson Bay Mining and Smelting Company, die mit ihren Schmelzhütten das Gesicht der knapp 8000 Einwohner zählenden Bergbaustadt prägen. Hier wird Erzgestein als Kupfer, Zink und Zinn weiterverarbeitet. Hinzu kommt, daß der Ort auf Granitfelsen gebaut wurde und dadurch einen düsteren Charakter verbreitet, der ihn besonders an Regentagen häßlich wirken läßt. Im Manitoba Explorer's Guide, dem offiziellen touristischen Organ der Provinz, konnten wir allerdings lesen, daß Flin Flon sehr pittoresk in Sichtweite der Provinzgrenze nach Saskatchewan liege. Trotz einiger als malerisch gepriesenen Angelseen blieben wir nicht lange in der Stadt des Josiah Flintabbatey Flonatin, einem Groschenromanhelden, nach dem der Ort benannt wurde. Diesmal kam mir unser verkürzter Reiseplan nicht ungelegen, denn wir wollten ja noch weiter nach Thompson, der größten Stadt im Norden Manitobas. Knapp 70 Kilometer fuhren wir wieder auf dem Highway 10 zurück, um dann auf dem Highway 39 in Richtung Osten zu fahren. Diese wenig befahrene Straße führt gleich zu Anfang durch den Grass River Provincial Park. In dem Park mit den 100 Seen gibt es, außer auf zwei Campingplätzen, keine Übernachtungsmöglichkeiten. Mit etwas Glück kann man hier Rentiere beobachten, die auf den Inseln des Reed Lake ihre Jungen zur Welt bringen. Wir waren allerdings im Hochsommer unterwegs, und die „Woodland-Caribus“ hatten schon gekalbt. Lang ist er nicht, der Highway 39, nach 164 Kilometern trifft er auf den Highway 6. An der Einmündung, bei der Eisenbahnstation Ponton, führt nun der Highway 6 entweder direkt nach Süden oder in Richtung Nordosten, zu den höchsten Wasserfällen in Manitoba. Wer an den Pisew Falls einfach vorbeifährt, der hat die schönsten Wasserfälle der Provinz versäumt. Hinzu kommt, daß ich selten einen so leicht zugänglichen Wasserfall in Kanada gesehen habe. Von einem hölzernen Aussichtspunkt kann man die Wassermassen des Grass River beobachten, wie sie sich tosend über Felssimse stürzen. Entlang eines feuchten Pfades sind Tafeln angebracht, die Flora und Fauna vorstellen. (Siehe auch die Bildseiten 2, 3, 84 und 85!) Nach 40 Kilometern schließt sich in Thompson meine Rundreise durch den Norden, die ich im vorhergehenden Kapitel „Mit dem Zug zur Hudson Bay“ begonnen hatte. Doch in Thompson ist die Welt noch lange nicht zu Ende. Hier beginnen vielmehr zwei Schotterstraßen, die beide über 200 Kilometer lang sind und zwei kleine Siedlungen mit der Außenwelt verbinden. Da ist zum einen das Schotterband des Highway 391, das zur Ansiedlung Lynn Lake führt, einer Goldgräbersiedlung mit etwas über 2000 Einwohnern. Sie ist Ausgangspunkt für Kanutouren, die auf den Flüssen in Richtung Norden zur Hudson Bay führen. Und da ist die Schotterstraße Nr. 280. Sie verläuft ebenfalls durch eine einsame, boreale Tundralandschaft. Die 270 Kilometer lange Strecke folgt zum größten Teil dem Nelson River bis zu Manitobas „Hauptstadt der Hydro-Elektrizitäts-Produktion“, nach Gillam. Der hochtrabende Titel, den sich die 1500-Seelen-Gemeinde selbst gegeben hat, ist wahrlich kein rühmliches Prädikat. Schließlich wird hier in den unbewohnten Gebieten der Strom überhaupt nicht gebraucht, er wird vielmehr bis hinunter in die Vereinigten Staaten transportiert und in bare Münze umgesetzt. Doch der ökologische Preis, den man deshalb für überflutete Gebiete zahlen muß, steht in keiner Relation zum Gewinn. Mit dieser Meinung stehe ich nicht allein da. Auch das kanadische Fernsehen hat in den letzten Jahren viele kritische Berichte über diesen Streit zwischen Ökonomie und Ökologie produziert. Besonders betroffen sind oft die Indianer, die z. B. bei Grand Rapids am Lake Winnipeg ihre Jagdgründe durch einen Staudamm verloren haben. Es gibt aber weit oben im Norden einen Fluß, der nicht eingedämmt und verändert worden ist. Es ist der ungezähmte Seal River, der nicht nur bei Kanuten als traumhaftes Paddelrevier bekannt ist. Jährlich lassen sich viele Angler an die Ufer dieses noch intakten Flusses fliegen. Hier steht die Big Sand Lake Lodge, eine der besten „Fly-in-Lodges“ Manitobas. Flyn-in, das heißt: hierhin kommt man nur mit dem Sportflugzeug. Die Eigentümer der Lodge sind, und das ist nicht üblich in Kanada, Indianer vom Stamm der Cree. Mit dem Bau dieser Ferienanlage fanden die Indianer eine gute Möglichkeit, ihren Besitzanspruch auf die Wildnis auszudrücken. Der Manager ist zwar ein Weißer, aber der Beste, den sie finden konnten. Es ist der graubärtige, legendäre

Seite 94:
Mit dem Hubschrauber flogen wir weit in die nördlichen Regionen Manitobas, um in der einsamen Tundra die Herbstwanderung der Rentiere (Caribus) zu beobachten.

Seite 95 oben:
Ein wahres Kunststück vollbrachte Jerzy, der Pilot von Dymond Lake Air, als wir auf diesem zugefrorenen See, 25 Kilometer nördlich von Churchill, landen.

Seite 95 unten links:
Goldgelb verwandelt sich im Herbst die Tundra im Norden von Manitoba. Eine der besten Möglichkeiten dieses eindrucksvolle Schauspiel aus der Luft zu erleben, ist ein Hubschrauberflug mit Steve Miller.

Seite 95 unten rechts:
So klein, daß sie in der Hand von Dennis verschwindet, die Revolution der Navigation: ein GPS System, ein elektronischer Kompaß, der seine Informationen von Satelliten erhält. Seit dem letztem Jahr ist dieses Gerät mein ständiger Begleiter bei allen Kanadareisen.

Seiten 98/99:
Der Zug der Rentiere ist im Herbst ein einzigartiges Schauspiel. Über 40 000 Rentiere sind im Norden Manitobas unterwegs, wenn sie von den Sommerweiden zu den südlicher gelegenen Winterweiden unterwegs sind.

Trapper Don, den ich schon einmal in diesem Kapitel erwähnt habe. Die Indianer sind die versiertesten Angler-Scouts, und so wurden allein im letzten Jahr 500 Hechte von über 8 Kilogramm Gewicht geangelt. Doch auch die Big Sands Lodge ist eine „Catch-and-Release-Lodge", bei der die Fische ohne Widerhaken geangelt und sofort wieder freigelassen werden. (Eine Fangweise, mit der ich mich persönlich auch nach 17 Jahren Kanadareisen immer noch nicht anfreunden kann. Wenn ich schon mal das Glück habe, einen Hecht an die Angel zu bekommen, dann freue ich mich auch auf das anschließende Grillen des Hechts, der hier in den nördlichen Gewässern besonders gut schmeckt. Ich angle allerdings nie mehr Fische, als ich brauche, um satt zu werden. Die anderen sollte man in ihrem Element lassen. Ich weiß, daß ich mir mit dieser Sicht der Dinge gerade in Kanada keine Freunde schaffe, deshalb bin ich froh, daß dieses Buch nur in deutscher Sprache produziert wird.) Demnächst wollen Trapper Don und die Cree ein authentisches indianisches Dorf am Ufer bauen, damit ihre Gäste sehen und miterleben können, wie es den Ureinwohnern gelang, Jahrtausende hindurch (bis der weiße Mann kam) in Harmonie mit dem Land zu überleben. „Jetzt, wo sie eine feste Anstellung haben und die Lodge, die sie geschaffen haben, ihnen gehört, können sie für die Zukunft planen. Und das Allerbeste daran ist, daß die Lodge ihnen die Möglichkeit gibt, ihren Lebensunterhalt in ähnlicher Weise wie ihre Vorfahren zu sichern, nämlich indem sie ihre besonderen Kenntnisse anwenden, um von und in der Wildnis zu leben", sagt Trapper Don McCrea. Solch ein Angelabenteuer ist nicht ganz preiswert, doch es wird auch viel geboten. Ein viertägiger Angeltrip kostet z. B. pro Person ca. 2500 DM. Dieser Preis beinhaltet den Charterflug von Winnipeg zur Lodge, die tägliche Bootsmiete, den Angelführer, alle Mahlzeiten und die Unterkunft. Die Buchungsanschrift lautet: Big Sand Lake Lodge, 1-1808 Wellington Avenue, Winnipeg, R3H 0G3, Tel. (204) 774-6666.

Zwei wichtige Lodges des Nordens fehlen noch in meiner Aufzählung: die North Knife Lake Lodge und die Seal River Heritage Lodge. Beide sind auch nur mit dem Flugzeug zu erreichen. Da die Besitzer in Churchill wohnen und die Hauptstadt der Eisbären im nächsten Kapitel mein Thema ist, möchte ich dann erst die miteinander verwandten Besitzer, den „Webber Clan" näher vorstellen.

Um das Kapitel über den Norden vollständig abzuschließen, bedarf es aber noch der Erwähnung von „York Factory", dem ehemaligen großen Handelsposten der Hudson's Bay Company. Dieser Umschlagplatz für Pelze wurde 1682 von den Briten unmittelbar an der Hudson Bay, im Mündungsgebiet zwischen dem Hayes- und Nelson River errichtet. Heute sieht man nur noch wenig von den sieben aus Holz gebauten Verwaltungs- und Lagerhäusern. Die Überreste des Pulvermagazins und des Friedhofs stehen unter Denkmalschutz von Parks Canada und sind nur mit dem Charterflugzeug oder beschwerlich mit dem Kanu erreichbar. Besucher müssen sich in Churchill beim Büro der National-Parkverwaltung anmelden.

Churchill, Hauptstadt der Eisbären

Nur zweieinhalb Stunden brauchte die Boeing 737 der *Canadian Airlines* von Winnipeg nach Churchill. Es war ein stürmischer, kalter Herbsttag, als wir in der nördlichsten Ansiedlung Manitobas eintrafen. Trotzdem fühlte ich mich fast heimisch in dem etwas über 1000 Einwohner zählenden Dorf am Rande der Hudson Bay. Es war mittlerweile mein vierter Besuch, und diesmal sollte er einem besonderen Ereignis gelten. Als ich nämlich gehört hatte, daß im Herbst über 10 000 Rentiere in dieser Region von den Sommer- zu den Winterweiden wechseln, entschloß ich mich sofort, dieses Naturschauspiel in meinem Buch zu beschreiben. Deshalb waren wir hier mit dem Wildbiologen Cam Elliott verabredet, der sich in seiner Eigenschaft als *Regional Wildlife Manager* bestens mit den Wanderungen der *Caribus* auskennt. Wir hatten vereinbart, daß er uns am Flugplatz abholte, um gemeinsam in einen Hubschrauber umzusteigen. Als der vollbärtige Cam vor mir stand, merkte ich gleich an seinem Gesichtsausdruck, daß irgend etwas nicht so lief, wie wir es geplant hatten. Und schon offenbarte er betreten: „ Wir haben großes Pech! Die Rentiere sind noch nicht da. Daß sie so lange auf sich warten lassen, habe ich in meiner zehnjährigen Dienstzeit hier noch nie erlebt. Sie sind noch auf ihren Sommerweiden. Der Herbst war bis jetzt viel zu warm, deshalb finden sie immer noch genügend Futter weit oben in den arktischen Regionen.“ Doch deshalb wollte ich die Hoffnung noch lange nicht aufgegeben. „Können wir wenigstens einige kleine Gruppen sehen?“ erkundigte ich mich. „Wir werden es versuchen, doch versprechen kann ich nichts“, ging Cam auf meinen Vorschlag ein. „Der Hubschrauber wartet sowieso auf uns, deshalb sollten wir nicht lange überlegen. Unser Pilot heißt Steve Miller.“ Als ich den Namen des Piloten hörte, stieg meine Laune gleich wieder, denn Steve hatte ich bei vergangenen Reisen hier kennengelernt, und uns verbindet mittlerweile eine regelrechte Freundschaft. Auch Steve bestätigte, daß er auf seinen Flügen bisher nur wenige Rentiere gesehen hatte. Schließlich stiegen wir trotzdem mit seiner *Bell Jet Ranger* auf und flogen in Richtung Cape Churchill, wo Ende Oktober oft Eisbären anzutreffen sind. Einige vereinzelte Gruppen von Rentieren entdeckten wir unter uns, sie suchten aber jedesmal das Weite, wenn wir näherkamen. Steve machte den Vorschlag, mich in der Tundra abzusetzen, damit ich mich an die Tiere anschleichen könnte. Den Wildbiologen wollte er einige Kilometer weiter landen, damit er die Rentiere auf mich zutreiben könnte. Als Cam aus dem Hubschrauber kletterte, nahm er auch ein großkalibriges Gewehr mit. Es sei nur zum Schutz, wegen der latenten Bärengefahr, erklärte er mir. Ich sollte von meinem Absetzpunkt auf ihn zugehen, dann würde ich garantiert Rentiere vor die Linse bekommen. So weit, so gut. Doch als der Hubschrauber über mir entschwand, verlor ich ganz schnell die Orientierung. Vom Erdboden sah die tellerflache Landschaft ganz anders aus. Es gab keinen Hügel und keinen großen Baum, an denen ich mich orientieren konnte. Außerdem war der Wald aus goldgelben Lärchen und Krüppelkiefern durch und durch mit kleinen Tümpeln durchsetzt. Nur gut, daß man mich mit einer hüfthohen Wathose ausgestattet

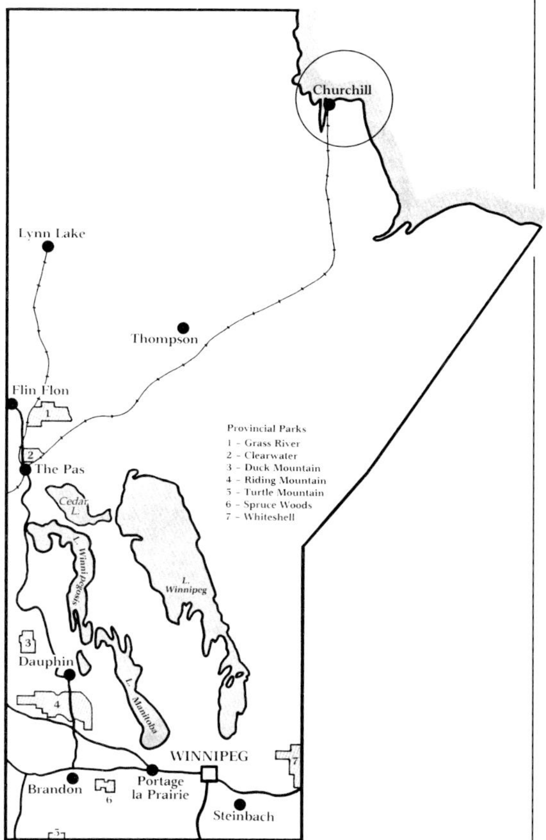

hatte, sonst wäre ich erst gar nicht weit gekommen. Doch zum Glück hatte ich meinen elektronischen Kompaß dabei und darauf die Hubschrauberposition markiert. Ich spreche von dem preiswerten und handlichen Hochtechnologie-Gerät, das seit 1990 auf dem Weltmarkt ist und GPS-System (Global Positioning System) genannt wird. Es handelt sich um einen Kompaß, der eigentlich keiner ist, und der sich auch nicht nach dem magnetischen Pol ausrichtet, sondern Impulstelegramme von Satelliten empfängt, die die Erde umkreisen. Die Entfernungen zwischen dem Standort auf der Erde und den verschiedenen künstlichen Trabanten werden in dem Miniaturempfänger hochgerechnet, und schon weiß man genau, in welche Richtung man gehen muß, um den markierten Punkt zu erreichen. Wer sich solch ein „Reinhold-Messner-erprobtes" Gerät zulegen möchte, sollte sich in Kanada umsehen, dort sind sie erheblich preiswerter als in Deutschland. Mein faustgroßes Gerät der Firma *Garmin* habe ich im letzten Jahr in Calgary bei einem der preisgünstigsten Anbieter, der *Western Avionics,* am Flughafen gekauft. So schlug ich die Richtung ein, die mir mein Gerät anzeigte, und nach einer Stunde anstrengenden Fußmarsches traf ich exakt auf Calm, der aufgeregt auf mich wartete, denn er hatte einen Eisbären gesehen. Zu meinen Rentierfotos kam ich aber auch noch. Zuerst sah ich einige versprengte Tiere, und am späten Nachmittag konnte ich auch eine größere Herde entdecken, die am Ufer der Hudson Bay entlangzog. (s. Bildseite 98!)

Als wir nach Churchill zurückkehrten, holte mich ein weiterer guter Freund vom Heliport ab. Es war Mike Reimer, der Schwiegersohn des Bürgermeisters, der etwa fünfzig Kilometer Luftlinie von Churchill entfernt eine alte Walbeobachtungsstation zu einer Lodge umgebaut hat. Seine *Wilderness Lodge* liegt an der Mündung des Seal River, und dementsprechend nennt er sie *Seal River Heritage Lodge*. Meiner Meinung nach bietet diese aus der Luft versorgte Naturbeobachtungsstation die beste Möglichkeit im Norden Manitobas, die Tierwelt der Tundra näher und intensiv unter Anleitung eines erfahrenen Outfitters kennenzulernen. Bei Mike Reimer konnten wir sogar mit einem Seekajak auf das Meer hinauspaddeln. Apropos Bürgermeister: während ich dieses Kapitel niederschreibe, erfahre ich von Mike, der Mennonite ist und aus Steinbach stammt (s. a. Kapitel 5!), daß sein Schwiegervater Doug Webber sein Bürgermeisteramt aus Zeitmangel niedergelegt hat. Diese Entscheidung kann ich gut nachvollziehen, denn Doug ist der Besitzer von zwei Fishing Lodges der gehobenen Klasse in Manitoba. Beide sehr gern gebuchten Angelherbergen, die *North Knife Lake Lodge* und die *Dymond Lake Lodge* sind ebenfalls nur mit dem Flugzeug zu erreichen. Deshalb hat Doug einen Piloten fest angestellt. Jerzy, der aus Polen stammt, ist einer der sichersten Piloten, die wir in Kanada kennengelernt haben. Wie gesagt, die Fishing Lodges von Doug Webber gehören zur ersten Kategorie in Manitoba, ausschlaggebend dafür ist auch die exquisite Küche, die von seiner Frau Helen geleitet wird. Helen Webber ist zweifellos eine der besten Köchinnen weit und breit, die sogar ein ausgezeichnetes Kochbuch produzierte. Inzwischen ist ihr Kochbuch *Blueberry and Polar Bears* so berühmt geworden, daß es kanadaweit in jeder guten Buchhandlung vorrätig ist. Helen Webber ist stolz darauf, daß sie in Churchill geboren ist. Diese relativ junge Ansiedlung wurde für ganz bestimmte Zwecke gebaut. Hier entstand 1769 die erste astronomische Beobachtungsstation Nordamerikas, seinerzeit nach den modernsten wissenschaftlichen Kenntnissen errichtet. In neuerer Zeit wurde Churchill durch seinen Getreidehafen bekannt, den 1931 das erste Überseefrachtschiff verließ. Oder durch das 1942 errichtete Trainingszentrum der US-Armee und den *Space Port*, von dem 1957 Raketen in die obere Atmosphäre geschossen wurden, um u. a. das Nordlicht zu erforschen. Der Name des Ortes bezieht sich übrigens nicht auf den berühmten englischen Premierminister Winston Churchill, sondern auf einen Gouverneur der *Hudson's Bay Company* namens Sir John Churchill. Besonders wenn es hier kalt ist, so unter minus 20 Grad Celsius, und ein schneidender Wind durch die wenigen Straßen fegt, hat man nur eines im Sinn: weg von der Straße und einen warmen Ofen finden. Deshalb sind, so könnte man denken, auch die Mauern des Forts *Prince of Wales* so dick. Diese aus Stein gebaute, sternförmige Bastion (s. Bildseite 107!) wurde 1688 am gegenüberliegenden Flußufer von Churchill, unweit des heutigen Orts Churchill, errichtet. Auf der dem Ort zugewandten Uferseite, am Cape Merry, hatten die Engländer 1746 ihre ersten sechs Kanonen stationiert. An den Überresten der Mauern des Forts und von Cape Merry kann der Besucher unter Mithilfe der Angestellten von *Parks Canada* nachvollziehen, wie es damals war, als sich die Engländer der Franzosen erwehren wollten. Sie hielten nicht allzu lange durch. Schon 1782 wurde das Fort zerstört. Nur mit einem Boot kann man die ehemalige Bastion der Pelzhändler erreichen. Einer der wenigen Veranstalter, der Besucher übersetzt, ist der etwas wortkarge Mike Macri. Mike ist einer der bekanntesten Naturfotografen der Region. Seine Fotos sind nicht nur im Ort in den Andenkenläden zu finden, sein Name taucht auch oft in touristischen Publikationen über Manitoba auf. Sein größtes Geschäft macht er aber im Hochsommer, wenn über 3000 Beluga- oder Weißwale in der Mündung des fischreichen Churchill River auf Nahrungssuche gehen. Sein neuestes Walbeobachtungsboot habe ich auf der Seite 102 abgebildet. Es hat einen Beobachtungsturm und ist speziell für den sehr flachen Fluß entwickelt worden. Besonders empfehlen möchte ich auch das sehenswerte Eskimo-Museum, in dem eine der besten Kollektionen von Inuit-Schnitzerein und -Kunst untergebracht ist. Eskimo-Kunst und auch von Einheimischen gefertigte Kunstgegenstände kann man in der *Arctic Trading Company*, dem größten Andenkengeschäft in Churchill, günstig kaufen. Hier wird ebenfalls angeboten, was Indianer der Region produzieren. Interessante Mitbringsel sind z. B. ihre Bilder und Skulpturen, die aus Rentier- und Elchhaaren gefertigt werden. Die Besitzerin, Penny Rawlings, hat in ihrer Werkstatt viele Indianerinnen beschäftigt, eine von ihnen ist Roxanne Fredlund, die ganz verrückt nach Pins (Anstecknadeln) ist. Wenn Sie also einmal nach Churchill kommen, sollten Sie ihr eine besondere Freude machen und Pins mitbringen.

Seite 102 oben:
Mit Mike Macri's Walbeobachtungsboot, das extra für die flache Mündung des Churchill River gebaut wurde, kann man ausgezeichnet die Beluga- oder Weißwale beobachten.

Seite 102 unten:
Alljährlich kommen im August über tausend Belugas an die Hudson Bay. Dort wo der Churchill River in das Meer fließt, finden die Wale reichlich Nahrung, so daß die Walfans voll auf ihre Kosten kommen.

Seite 103:
Selten gibt es auf der Welt eine so ideale Möglichkeit, wie bei dem Ort Churchill, wo man die Weißwale so hautnah fotografieren kann. Aufgrund ihrer Verständigungslaute, die sich wie Winsel- und Pfeiftöne anhören, werden die geselligen und neugierigen Beluga-Wale auch „Seekanarienvogel" genannt.

Der König der Arktis

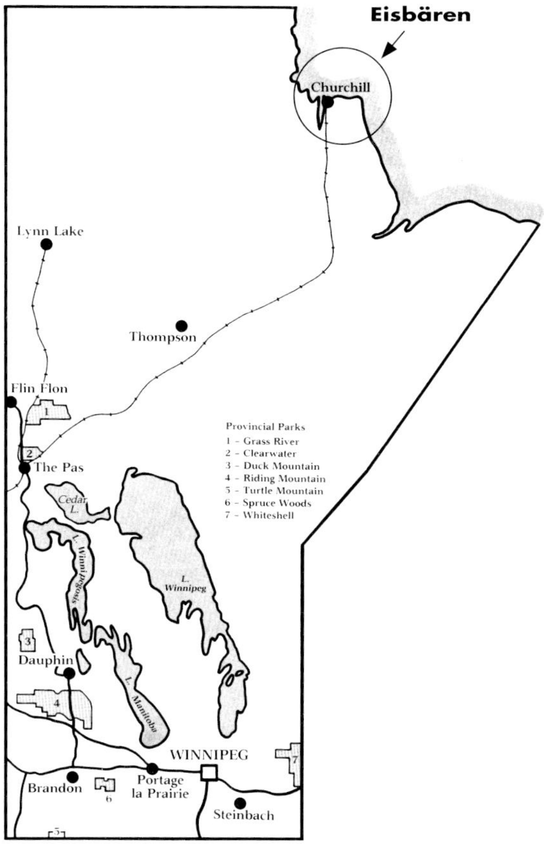

Es war ein eiskalter Morgen, als ich vor die Tür des *Polar Inns* in Churchill trat. Der Wind trieb einzelne Schneeflocken vor sich her und verjagte schnell meine Müdigkeit. Und was dann an meiner Nase vorübersauste, ließ mich vollends erstarren. Ein junger Eisbär lief wie der Blitz direkt an mir vorbei. Er überquerte die Hauptstraße und verschwand in der Nähe des Bahnhofs hinter einigen Güterwaggons. Außer mir und einem Videofilmer, der dem Eisbärjungen nachlief, hatte kaum jemand das Ereignis wahrgenommen. Die Szene dauerte auch nur wenige Sekunden. Für mich blieb keine Zeit, die im Hotelzimmer zurückgelassene Kamera zu holen. Sie wäre auch nicht schußbereit gewesen, denn ich wollte ja eigentlich nur nachsehen, wie kalt es draußen war. Als ich wieder in das Hotel zurückkehrte und von dieser Überraschung berichtete, griff der Besitzer sofort zum Telefon. Er rief die Bären-Notrufnummer 675-2327 an, die Telefonnummer einer extra eingerichteten Bärenpolizei in Churchill.

Der Ort liegt im alten Wanderungsgebiet der Bären, in dem es alljährlich im Herbst von Petzen nur so wimmelt. Die Bären sind aber nicht wegen der Menschen hier, im Gegenteil, sie mögen Menschen überhaupt nicht riechen. Sie versammeln sich lediglich vor den Toren von Churchill, um darauf zu warten, daß die Hudson Bay zufriert und damit sie endlich wieder Robben, ihre Hauptnahrung, jagen können. Da hier die Bay am schnellsten zufriert, versammeln sich, je kälter es wird, bis zu 1000 Eisbären in dem Gebiet zwischen Nelson- und Churchill River.

Den ganzen Sommer über ernähren sich die Bären größtenteils von Pflanzen, deshalb sind sie im Spätherbst völlig ausgehungert. Die Eisbären haben die längste Fastenperiode in der Gattung der Säugetiere. Und damit kommt auch ein Problem nach Churchill. Denn Küchengerüche können auch für einen Bären sehr anziehend sein. Nach drei Todesfällen innerhalb von 20 Jahren werden seit einiger Zeit die Bären im Ort eingefangen, narkotisiert und in ein „Bärengefängnis" geschafft. Dort werden sie isoliert gehalten, damit sie sich nicht zu sehr an Menschen gewöhnen. Dann tritt mein Freund Steve Miller, den Sie im vorhergehenden Kapitel kennenlernten, in Aktion. Die mit Farbe markierten Bären werden in einem Netz unter den Hubschrauber gehängt und weit in die Tundra hinausgeflogen, in der Hoffnung, daß sie zukünftig dem Ort fernbleiben.

Diese Hoffnung erfüllt sich nicht immer, denn die Eisbären sind zwar mit Kurzsichtigkeit geschlagen, doch sie können Düfte bis zu 30 Kilometer weit wahrnehmen. Seit kurzem sind die Männer von der staatlichen Bärenpolizei auf einen deutschen Filmer sauer. Er hatte die Bären in ihrem Gefängnis, daß sich in unmittelbarer Nähe vom Flugplatz in Churchill befindet, gefilmt und dann empört über die Haltung der Raubtiere berichtet. Einer der Kritikpunkte soll gewesen sein, daß man die Bären dort hungern läßt. „Das entspricht durchaus den Tatsachen", bestätigten mir die Männer von *Manitoba Natural Resources*, „doch das geschieht aus gutem Grund. Denn wenn die Bären von Menschen gefüttert werden, gewöhnen sie sich schnell an diese leichte Art der

Nahrungsbeschaffung, und das könnte für beide Seiten tödliche Folgen haben. Weil dann in Zukunft die Bären immer wieder die Nähe von Menschen suchten."

Wie ernst die Bewohner von Churchill diese Gefahr nehmen, erlebte ich schon am nächsten Abend. Doug Webber, der im letzten Jahr noch als Bürgermeister tätig war, fragte mich, ob ich mit ihm auf Bärenstreife fahren möchte. Es war Ende Oktober und damit die Zeit von *Halloween*, dem Tag, an dem die Kinder, ähnlich wie bei uns am 6. Dezember, verkleidet in den frühen Abendstunden von Haus zu Haus gehen und Geschenke einsammeln. Aber hier in Churchill ist dann die Stimmung noch gespannter als bei uns, denn es könnte sich ja ein Bär unter die Kinder mischen. So fuhr ich mit Doug und vielen anderen Vätern im Schrittempo durch die wenigen Straßen von Churchill. Mit Suchscheinwerfern leuchteten wir die Straßen ab, und wo wir Kinder sahen, warteten wir so lange, bis sie sicher zum nächsten Haus gelangt waren.

Als hätten die Bären gewußt, daß die Bürger der „Hauptstadt der Eisbären" an Halloween besonders wachsam sind, ließ sich aber nicht ein Bär in der 1000-Seelen-Gemeinde blicken. Als wir in den späten Abendstunden zu Dougs Haus zurückkehrten, wartete schon seine Frau Helen auf uns, sie überraschte mich mit einer kulinarischen Köstlichkeit des kanadischen Nordens, deren Beschreibung den Rahmen dieses Kapitels sprengen würde. Zum Abschluß des Abends schenkte sie mir noch ihr schon erwähntes Kochbuch, dessen Rezepte ich bestens weiterempfehlen kann. „Morgen übergebe ich dich der Obhut meiner Frau, ich muß meinen Amtsgeschäften nachgehen, deshalb kann ich nicht mit dir zu den Eisbären fahren", verabschiedete sich Doug, als ich mich zu später Stunde auf den Weg zu meinem Hotel machte. Der eisige Wind vom Morgen hatte noch einmal kräftig zugelegt, und ich war froh, daß mein Hotel nur fünf Minuten entfernt war.

Mein nächster Tag in Churchill begann, wie der vorige geendet hatte, mit eisigem Wind und Schneesturm. Helen, die mich mit einem Van abholte, nahm mir die letzte Hoffnung auf schönes Wetter, als sie aus dem Wetterbericht zitierte. Aber als Fotograf kann man selten auf gutes Wetter warten, ich wollte jetzt endlich meinen ersten Eisbären fotografieren. Wir verließen den Ort auf der einzigen Straße, die hinaus in die Tundra führt. Richtung Osten fahrend kamen wir am Flugplatz vorbei und passierten kurz danach die Müllkippe von Churchill. Helen wies auf die Abfallberge: „Das ist unser ‚Polar Bear Dining Room'. Ab jetzt müssen wir vorsichtig sein, hier beginnt das Bärengebiet." Kaum hatte sie es ausgesprochen, sahen wir auch schon den ersten Bären. Genauer gesagt, meine Begleiterin hatte ihn entdeckt.

Ich hatte den König der Arktis völlig übersehen, denn er lag flach wie eine Flunder auf dem schneebedeckten Felsen und streckte alle viere von sich. (Siehe Bildseiten 114/115!) Man hätte meinen können, er wäre tot. Doch Helen klärte mich auf: Trotz der 20 Grad unter Null, die sie heute morgen gemessen hatte, sei dem Bären noch zu warm. Deshalb strecke er sich flach aus, um die beste

Seite 106 oben:
Das frostige Ortsschild von Churchill soll dem Besucher zeigen, daß es von hier aus nicht mehr weit zu den Eskimos ist.

Seite 106 unten:
Bei vielen Besuchern von Churchill ist diese ehemalige Walfangstation bei Sloop's Cove, die jetzt als exklusive Herberge umgebaut wurde, völlig unbekannt. Sie liegt direkt gegenüber vom Hafen, auf der anderen Uferseite des Churchill River und ist nur mit dem Boot oder mit dem Hubschrauber zu erreichen. Das ganze Haus wurde wegen der akuten Bärengefahr mit einem starken Gitter geschützt. Das Interessante an dieser Lodge ist, daß auf dem Dach ein kleiner Aussichtsturm ist, vom dem man die Eisbären sicher beobachten kann.

Seite 107:
Auf der westlichen Halbinsel von Churchill liegt am Eskimo Point das steinerne Fort der Hudson's Bay Company. Bis zur Zerstörung durch die Franzosen im Jahre 1782 blieb „Prince of Wale's Fort" das große Pelzhandelszentrum dieses Gebietes. Während einer Walbeobachtungstour fährt Mike Macri auch zu diesem historischen Platz, der ebenfalls nur mit einem Boot zu besichtigen ist.

Welcome to Churchill

White Whale
Lodge

Abkühlung zu bekommen. Da die Sicht sehr schlecht war, und ich den rund 30 Meter entfernten Bären aus einer etwas näheren Perspektive fotografieren wollte, öffnete ich die Tür des Fahrzeuges. Aber Helen wies mich energisch zurück: „Bist du lebensmüde, willst du dich umbringen? Du kannst hier nicht einfach aus dem Auto steigen!“ Wie ernst es ihr war, merkte ich an ihrem Tonfall. Die sonst so sanfte Frau wurde nämlich sehr laut. So montierte ich mein Teleobjektiv auf die Kamera und schoß aus dem sicheren Fahrzeug meine Bärenfotos.

Meine Hoffnung, daß sich der Schneesturm an diesem Tag legen würde, erfüllte sich leider nicht. Doch der nächste Tag entschädigte uns schon am frühen Morgen mit Sonnenschein. An diesem Tag hatte ich eine Fahrt mit einem sogenannten Tundra-Buggy gebucht. Das ist ein umgebauter Schulbus, der mit mannshohen, aus der Landwirtschaft stammenden Reifen ausgestattet ist. Zunächst fuhren wir aber mit einem gewöhnlichen Bus zu dem 20 Kilometern entfernten Startplatz, der sich schon im Bärengebiet befindet. Über eine herabgelassene Treppe bestiegen wir unser tundra- taugliches Ungetüm, das gut beheizt war. Mit etwa 20 Eisbärverrückten, die aus aller Herren Länder nach Churchill gekommen waren, mußte ich den Bus teilen. Der Busfahrer, ein junger Student aus Winnipeg, versicherte, daß wir garantiert jede Menge Bären zu sehen bekämen. Wenn nicht, erhielten wir unser Geld zurück. Als dann wirklich der erste Bär auftauchte, war im Bus der Teufel los. Jeder versuchte aufgeregt, seine Bärenfotos zu schießen. Für diesen fotografischen Enthusiasmus ist der Tundra-Buggy gut ausgestattet. Denn er hat im hinteren Teil eine außenliegende Plattform, von der man in gehörigem Abstand ganz in Ruhe die neugierigen Petze ohne störende Scheiben fotografieren kann. Da es auf dieser ungeschützten Plattform sehr kalt werden kann, hatte ich meistens diesen exponierten Standort für mich allein. Besonders spannend wurde es, als eine Bärin, die zwei Junge bei sich hatte, die Reifen beschnupperte und sich am Fahrzeug hochreckte. Ich hätte sie fast streicheln können. Doch die Ermahnungen unseres Fahrers waren zu überzeugend, daß wir auf keinen Fall unsere Arme aus dem Fahrzeug hinausstrecken und auch keine Kamerariemen herunterhängen lassen dürften.

Unsere Fahrt im Schneckentempo verlief immer entlang der Küste. Es war gut zu erkennen, wie die Hudson Bay sich von Stunde zu Stunde mit Eisschollen füllte. Am Cape Churchill trafen wir auf drei weitere Busse. Wir gesellten uns zu den Tundra-Buggys, die mit abgestelltem Motor von fünf Bären eingekreist waren. Die schwarzen Nasen der Eisbären hoben sich deutlich von dem Hintergrund der weißen Einöde ab. Besonders die Haut des *Ursus maritimus* ist ein bewundernswertes, perfektes Organ. Sie ist pechschwarz. Ohne sein Fell würde der Eisbär schwärzer dastehen als der dunkelste Mensch dieser Erde. Die schwarze Färbung der Haut kann man auch an den Sohlen gut erkennen. Im Zusammenspiel mit dem dichten weißen Haarkleid wirkt die schwarze Haut wie ein körpereigener Ofen. Deshalb friert der Eisbär nie. Selbst bei minus 50 Grad Celsius kann er sich auf sein eingebautes, natürliches „Öfchen“ verlassen: Wärmestrahlungen, die der Schnee von allen Seiten reflektiert, werden eingefangen und nicht wieder abgegeben. Trotz seiner bis zu 27 Zentimeter dicken Fettschicht kann der Eisbär, wenn es sein muß, über 40 Stundenkilometer schnell laufen. Seine übliche Fortbewegungsgeschwindigkeit liegt zwischen drei und sechs Stundenkilometern.

Den ganzen Tag wurden wir in dem Tundra-Buggy „gefangengehalten“, die Türen blieben konsequent verschlossen. Klar, daß wir eine Toilette an Bord hatten und für Essen und Trinken war auch gesorgt. Erst spät am Abend kehrten wir mit einmaligen Eindrücken aus der Welt des *Nanuk*, so nennen ihn die Eskimos, nach Churchill zurück. Später im *Tundra Inn*, einem Hotel, in dem man auch sehr gut speisen kann, hatten die Gäste an den Tischen nur ein Thema: wer das schönste Eisbärfoto mit nach Hause brächte. Doch für mich war der Tag noch lange nicht zu Ende. Auf mich wartete ein nächtliches Spektakel, das man hier *Northern Lights* nennt. Der Veranstalter *Tundra Nature Tours* hatte mich zur Beobachtung des Nordlichtes eingeladen.

Hierzu fuhren wir etwas außerhalb von Churchill zur einer ehemaligen Raketenbeobachtungsstation. Dort konnten wir durch zwei Plastikkuppeln die Nordlichter ohne störende Lichtreflexe bewundern. Es war ein faszinierendes Farbenspiel, das sich über uns abspielte. Unentwegt wechselte die *Aurora borealis* von Grün nach Purpur in großen Farbstreifen über den Nachthimmel. Doch damit war mein eiskaltes Abenteuer in Churchill immer noch nicht zu Ende.

Am nächsten Tag wartete ein weiteres Bärenbeobachtungsfahrzeug auf mich. Diesmal hatte mich der Veranstalter *Churchill Wilderness Encounter* eingeladen, der teilweise Kleinbusse einsetzt, die mit maximal sechs Personen besetzt sind. Unser Fahrer war Allan Code, ein berühmter Dokumentarfilmer aus der Region, und mit dabei war Dan Guravich, der seit über 40 Jahren die Bären alljährlich besucht, und der wohl der erfolgreichste Eisbärfotograf der Welt ist. Diesmal fuhren wir noch weiter in die Tundra hinaus. Der Allrad-Buggy mit seiner großen Fenstern bot mir unbegrenzte Möglichkeiten, die Bären hautnah zu fotografieren. Ganz nah kamen wir auch an Polarfüchse heran, die in der weißen Wüste nur an ihren dunklen Augen und der schwarzen Nase zu erkennen waren. Unbekümmert hoppelten sie wie Hasen zwischen den Eisbären umher und suchten nach Nahrungsresten. Selbst die scheuen Schneehühner, die Lieblingsbeute der Polarfüchse, konnten wir an diesem Sonnentag ganz aus der Nähe fotografieren. Mit ihrem weißen Federkleid sind sie ideal an die Umgebung angepaßt.

Auf der Rückfahrt verdunkelte sich dann wieder der Himmel, und der Sturm jagte wieder Schnee- und Eiskristalle über die flache Tundra. Obwohl es ein langer Tag unter Eisbären gewesen war, ging er mir doch viel zu schnell vorbei, und mit Wehmut sah ich meinem Abreisetag entgegen, der mich wieder nach Deutschland zurückbringen würde. Aber ich würde unvergeßliche Eindrücke mitnehmen. Nicht zuletzt wegen der Menschen dieser Region, die ihr Versprechen, den Besuchern ein *friendly Manitoba* zu bieten, in beeindruckender Weise eingelöst hatten.

Seite 110:
Eisbärbeobachtung in Churchill ist eines der schönsten Naturerlebnisse in Kanada. Nirgendwo kommt man dem „Herrscher der Arktis“ so nahe, wie hier weit oben im Norden Manitobas.

Seite 111:
Vom „Tundra Buggy“ aus, einem umgebauten und bärensicheren Schulbus, gibt es einzigartige Möglichkeiten, die Eisbären aus nächster Nähe zu beobachten. Wer hier eine Tour bucht und keinen Bären zu Gesicht bekommt, dem wird der Fahrpreis sogar zurückerstattet.

Tours

Wissenswertes über Manitoba

Seiten 114/115:
Keineswegs ist dieser Eisbär tot. Mit dieser Lage im „Bauchplatsch" kann er sich, bei der für ihn viel zu warmen Außentemperatur von minus 20 Grad, am besten die erforderliche Kühlung verschaffen.

Seite 116 links:
Unmittelbar am Ortsrand von Churchill warnen Schilder vor der allgegenwärtigen Bärengefahr. Wer hier weitergeht, begibt sich in akute Gefahr.

Seite 116 rechts:
Seiner sensiblen Nase folgend, möchte gern dieser Eisbär den Menschen etwas näher auf den Pelz rücken. Doch der sichere Tundra-Bus stellt für den Eisbären ein unüberwindbares Hindernis dar.

Die Provinz Manitoba bedeckt 6,5 % der gesamten Fläche von Kanada. Die Fläche des Landes in der Mitte von Kanada verteilt sich auf 101 592 qkm Süßwasserseen und 548 355 qkm Landmasse. 2987 qkm werden in Manitoba von den National-Parks belegt, 10 650 qkm von den Provincial Parks und 76 159 qkm (mehr als doppelt so groß wie das Bundesland Baden-Württemberg) werden als Ackerland genutzt. Die höchste Erhebung ist der Baldy Mountain mit 831 m Höhe, gelegen im Duck Mountain Provincial Park. Mit 24 390 qkm (größer als das Bundesland Hessen) ist der Lake Winnipeg der größte See Manitobas, gefolgt vom Lake Winnipegosis mit 5374 qkm und dem Lake Manitoba, der sich auf eine Fläche 4659 qkm ausdehnt.

Im Süden grenzt die Provinz an die US-Bundesstaaten Minnesota und North Dakota, von Saskatchewan im Westen und von Ontario im Osten. Der Norden schließt an die Northwest Territories an, wobei die 650 km lange Küstenlinie der Hudson Bay eine natürliche Grenze bildet. Die gesamte Provinz liegt in der zentralen nordamerikanischen Zeitzone. Die sogenannte Daylight Saving Time (Sommerzeit) beginnt am ersten Wochenende im April und endet am letzten Wochenende im Oktober. Die Flagge von Manitoba wurde am 12. Mai 1966 unter Beteiligung von Königin Elizabeth II. offiziell eingeweiht. Das Wappen der Provinz, das in der Fahne enthalten ist und die rot-weißen Insignien König Edwards und einen Büffel darstellt, wurde am 10. Mai 1905 offiziell vorgestellt. Ein Jahr später wurde der Prärie Krokus zur offiziellen Blume der Provinz erklärt.

Weizen ist der größte Exportartikel der Provinz. 1991 hatte die Ernte von 27 000 Farmern einen Wert von 1,8 Millionen Dollar. Die meisten Getreidearten werden zwischengelagert in 4400 Kornspeichern (s. Bildseiten 50/51), die sich auf den südlichen Teil des Landes verteilen. Eine führende Rolle in der Ökonomie des Landes spielen die natürlichen Rohstoffe. An erster Stelle liegen die Nickelvorkommen des Nordens, gefolgt von Kupfer und Gold.

Durch die unzähligen Seen und Flüsse ist Manitoba in der glücklichen Lage, über 90 % des Energiebedarfes mit Wasserkraft abzudecken. Die meisten Wasserkraftwerke der staatlichen Gesellschaft Hydro Manitoba befinden sich oberhalb des 53. Breitengrades, an den Flüssen Nelson- und Sakatchewan River. Die Fischindustrie fängt fast ausschließlich Süßwasserfische. Über 70 % der Ausbeute wird in den drei großen Seen mit einer Menge von rund 13 Millionen Kilogramm erzielt. Whitefish, Northern Pike und Walleye sind die wichtigsten von 14 kommerziell gefangenen Fischarten. Der Reichtum des kulturellen Hintergrundes wird durch 50 verschiedene Kulturfestivals der Einwanderer, die aus 43 ethnischen Gruppen ihren Ursprung haben, dokumentiert. Die Siedlung Granville Lake am Churchill River hat im Verhältnis zur Einwohnerzahl mit 62 % den größten Anteil an Personen von ganz Kanada, die unter 15 Jahre alt sind. In Manitoba leben nur 1,7 Einwohner pro qkm, im Gegensatz zu Deutschland leben auf der gleichen Fläche rund 250 Menschen. Noch einen Rekord gibt es aus Manitoba zu vermelden: Der Nickel-Ort Thompson führt mit 241 Frosttagen pro Jahr die Hitliste der kältesten Städte Kanadas an.

Empfehlenswerte Adressen

Für alle Telefonate von Deutschland nach Manitoba gilt generell die Vorwahl für Nordamerika „001“ und der dreistellige area code [204], die Vorwahlnummer der Provinz Manitoba.

Travel Manitoba, Departement AB5, 7th floor – 155 Carlton Street, Winnipeg, R3C 3H8, Tel. 9 45-37 77, Fax 9 45-23 02.

Tourism Winnipeg, 320-25 Forks Market Road, Winnipeg, R3C 4S8, Tel. 9 43-19 70, Fax 9 42-40 43.

Canadian Parks Service, 457 Main Street, Winnipeg, R3B 1B5, Tel. 9 83-22 90.

Campbell Tours and Rec. Services, 167 Coniston Street, Winnipeg, R2H 1P8, Tel. 2 31-36 50, Fax 2 33-18 18.

Holiday Inn Crowne Plaza, 350 St. Mary Avenue, Winnipeg, R3C 3J2, Tel. 9 42-05 51, Fax 9 43-87 02.

Victoria Inn, 3550 Victoria Avenue West, Brandon, R7A 5Z4, Tel. 7 25-15 32, Fax 7 27-82 82.

Brandon Economic Develep. Board, 1043 Rosser Ave. Tel. 7 28-32 87.

Blue Jewel Inn, 401 Mill Road, Boissevain, Tel. 5 34-62 58.

The Dutch Connection Inn, Box 201, Steinbach, R0A 2A0, Tel. 3 26-20 18, Fax 3 26-46 66.

Gull Harbour Resort, Box 1000, Riverton, R0C 2R0, Tel. 2 79-20 41, Fax 2 79-20 00.

McTavish‘s Motel, Box 99, Wasagaming, R0J 2H0, Tel. 8 48-73 66, Fax 8 48-29 27.

Riding Mountain Guest Ranch, Box 11, Lake Audy, R0J 0Z0, Tel. 8 48-22 65.

Trapper Don’s Lodge, Box 44, Cowan, R0L 0N0, Tel. 5 46-48 33.

Region Churchill:

Aurora Inn, Churchill, Box 1030, Churchill, R0B 0E0, Tel. 6 75-20 71, Fax 6 75-27 64.

Churchill Motel, Box 218, Churchill, Tel. 6 75-88 53, Fax 6 75-82 28.

Churchill Northern Studies Centre, Box 610, Churchill, R0B 0E0, Tel. 6 75-23 07, Fax 6 75-21 39.

Churchill Wilderness Encounter, Box 9, Churchill, R0B 0E0, Tel. 6 75-22 48, Fax 6 75-20 45.

Dymond Lake Air Service Ltd., Box 304, Churchill, R0B 0E0, Tel. 6 75-88 75, Fax 6 75-23 86.

Frontiers North, 774 Bronx Ave. Winnipeg, R2K 4E9, Tel. 6 63-14 11, Fax 6 63-63 75.

Midway Helicopters Ltd., Steve Miller, Box 337, Churchill, R0B 0E0, Tel. 6 75-25 76.

North Knife Lake Lodge, Box 304, Churchill, R0B 0E0, Tel. 88 75, Fax 6 75-23 86.

North Star Tours, Box 520, Churchill, R0B 0E0, Tel. 6 75-26 29.

Polar Inn, 16 Franklin Street, Churchill, R0B 0E0, Tel. 6 75-88 78, Fax 6 75-26 47.

Sea North Tours Ltd., Box 222, Churchill, R0B 0E0, Tel. 6 75-21 95, Fax 6 75-21 98.

Seal River Heritage Lodge, Box 1034, Churchill, R0B 0E0, Tel . 675-88 75, Fax 6 75-23 86.

Tundra Buggy Tours Ltd., Box 662, Churchill, R0B 0E0, Tel. 6 75-21 21, Fax 6 75-28 77.

Tundra Inn, 34 Franklin Street, Churchill, R0B 0E0, Tel. 6 75-88 31, Fax 6 75-27 64.

Seite 117 links:
Wie auf diesem Foto gut zu erkennen ist, haben die Eisbären den ganzen Sommer über gefastet.

Seite 117 rechts:
In seiner Neugierde sieht der König der Arktis schon putzig aus, doch mit ihm ist nicht zu spaßen. Er ist eines der gefährlichsten Raubtiere unserer Erde.

Seite 118:
Die weißen Riesen von Churchill haben sich perfekt an die Umgebung der Tundra angepaßt. Wenn sie über das Eis laufen, sieht man, daß sie „O-Beine“ haben und ihre Zehen nach innen gerichtet sind. Dies dient dazu, ihr Gleichgewicht zu halten und nicht auszurutschen.

Seite 119:
In der Regel gelten Eisbären als Einzelgänger. Nur wenn sie jung sind, können sie so unbeschwert vor der Kamera spielen. Später, wenn sie erwachsen sind, greifen sie sogar ihre eigenen Jungen an.

Seite 120:
Im letzten Licht des Tages verschwindet dieser Eisbär in der Weite der Tundra an der Hudson Bay bei Churchill.

POLAR BEAR
ALERT
STOP
DON'T WALK
IN THIS AREA
Manitoba
Natural Resources
POLAR BEAR
ALERT
REPORT ALL BEARS TO
PH. 675-2327 (BEAR)
Manitoba
Natural Resources

E.B.TATCHELL
A
245
C.P.R.
THE CAN DIAN PACIFIC RA
IN 1886 TH NEW TOWN WAS NAMED I